本书为广东省教育科学规划课题"小语高年段深度阅读教学研究成果【课题批准号：2019YQJK012】

# 小学语文
# 深度阅读教学策略

唐 滔／著

中国出版集团 现代出版社

图书在版编目（CIP）数据

小学语文深度阅读教学策略 / 唐滔著. — 北京：
现代出版社，2021.9

ISBN 978-7-5143-9495-5

Ⅰ.①小… Ⅱ.①唐… Ⅲ.①阅读课—教学研究—小
学 Ⅳ.①G623.232

中国版本图书馆CIP数据核字（2021）第189852号

# 小学语文深度阅读教学策略

| | | |
|---|---|---|
| 作　者 | 唐　滔 | |
| 责任编辑 | 张　璐 | |
| 出版发行 | 现代出版社 | |
| 地　址 | 北京市安定门外安华里504号 | |
| 邮政编码 | 100011 | |
| 电　话 | 010-64267325　64245264 | |
| 网　址 | www.1980xd.com | |
| 电子邮箱 | xiandai@cnpitc.com.cn | |
| 印　制 | 北京政采印刷服务有限公司 | |
| 开　本 | 710mm×1000mm　1/16 | |
| 印　张 | 10.25 | |
| 字　数 | 185千字 | |
| 版　次 | 2022年4月第1版　2022年4月第1次印刷 | |
| 书　号 | ISBN 978-7-5143-9495-5 | |
| 定　价 | 45.00元 | |

# 目录

**第一章**
**小学语文深度阅读教学策略的提出**

小学语文深度阅读教学策略的研究背景 …………………………… 2
小学语文深度阅读教学策略的相关研究综述 ……………………… 5
小学语文深度阅读教学策略的深度学习 …………………………… 19

**第二章**
**"角色朗读"的深度阅读教学策略**

"角色朗读"的深度阅读教学策略论述 …………………………… 26
《惊弓之鸟》教学设计 ……………………………………………… 32
《生命　生命》教学设计 …………………………………………… 45

**第三章**
**"品味意境"的深度阅读教学策略**

"品味意境"的深度阅读教学策略论述 …………………………… 54
《渔歌了》教学设计 ………………………………………………… 57
《桥》教学设计 ……………………………………………………… 70

目录

第四章
"融合技术"的深度阅读教学策略

"融合技术"的深度阅读教学策略论述 ················ 76
《大自然的声音》教学设计 ················ 80
《松鼠》教学设计 ················ 85

第五章
"以写为中心"的深度阅读教学策略

"以写为中心"的深度阅读教学策略论述 ················ 94
《威尼斯的小艇》教学设计 ················ 103

第六章
整本书深度阅读、课外阅读检测题

《上下五千年》整本书阅读的案例 ················ 120
小学语文课外阅读检测题 ················ 131
适合的才是最好的 ················ 147
诵读推动课外阅读　美文提升学生素养 ················ 150

附　录 ················ 155

1

第一章

小学语文深度阅读教学
策略的提出

# 小学语文深度阅读教学策略的研究背景

　　小学语文是打开儿童阅读世界的最好的钥匙，语文阅读应是多姿多彩的、应是多元个性的、应是充满时代气息的。而语文深度阅读将让阅读走向看得见的现实以及看不见的未来。

## 一、为什么要进行小学语文深度阅读教学策略的研究

　　小学语文深度阅读教学策略的研究是落实《国家中长期教育改革与发展规划纲要（2010—2020）》关于提高教育质量的要求。随着教育形势的发展，如何进一步完善学校教学工作，扎实开展素质教育，在《国家中长期教育改革与发展规划纲要（2010—2020）》中提出明确要求：把提高质量作为教育改革发展的核心任务。2019年9月8日，习近平总书记在给国家图书馆老专家的回信中表示，希望国家图书馆坚持正确政治方向，弘扬优秀传统文化，创新服务方式，推动全民阅读，更好满足人民精神文化需求，为建设社会主义文化强国再立新功。发展学生阅读水平是提高教学质量的重要保障条件，进行深度阅读教学的研究恰恰是落实提高教育教学质量的有效途径之一。

　　小学语文深度阅读教学策略的研究是《广东省教育科学"十三五"发展规划》深化基础教育课程改革的需要。进一步实践科学发展观，探索教育教学规律，加快推进教育均衡发展和教育现代化进程是广东省教育科学"十三五"规划的重要研究方向。随着我国新一轮基础教育课程改革的深化，《义务教育语文课程标准（2011年版）》的颁布，在"课程性质"部分做了这样的表述："语文课程是一门学习语言文字运用的综合性、实践性课程。"自2016年9月起，统编教材已经正式开始使用，在这门课程里，学生要学习的不只是"语

言"和"文字",而是"语言文字的运用"。"阅读文本"的对象是文本,关注的是文本中的知识、思想;"文本阅读"的对象是阅读,关注的是阅读的方法、阅读的技巧、阅读的能力。"阅读文本"是"文本阅读"的基础,"文本阅读"是"阅读文本"的延伸。"阅读文本"要达到三个目标:会阅读不同类型的文本,会根据阅读任务提取相关信息,会对文本进行评价。在小学语文学科中开展深度阅读有效教学策略的研究,能更好地促进学生语文素养的全面提升。

小学语文深度阅读教学策略的研究是解决学校教学工作自身问题的需要。小学语文深度阅读教学策略的研究是立足学校实际情况,落实学生发展、学校发展的需要。目前广州市番禺区市桥龙美小学学生开展读书活动的情况较好,学生的"阅读率"较高,但从参加全市小学四年级学生的阳光评价"阅读水平"抽测的情况来看,学生的"阅读水平"比较低。究其原因,一是对"为什么读书"不明确。广州市番禺区市桥龙美小学比较重视营建学校阅读文化,却没有认识到阅读乃是提高学生学科素养的重要内容。二是"读什么书"的内容和形式单一。只重视读"国学"类的书,忽视了人的终身发展需要学习的书;只引导学生阅读"连续文本"的书,忽视了引导学生阅读"非连续文本、混合文本、多重文本"的书。三是"怎样读书"指导缺失。只关注"阅读文本",忽视了"文本阅读"。小学语文深度阅读教学策略的研究正是基于这一问题的可贵探索。它是从学校学生的兴趣和需要出发开展深度阅读教学策略的案例研究,让学生在语文学科的深度阅读中获得阅读的方法、阅读的技巧,达到提高学生阅读水平的"能力目标",有助于深化素质教育,促进学校教学质量的优质发展。

## 二、小学语文深度阅读教学策略的研究的应用价值

有助于培养学生的语文综合素养。小学语文深度阅读教学策略的研究中所指的"深度阅读"是以学生的阅读方法的培养为主,学生在长期带有语文学习目的的阅读之下,掌握了各种不同的语文阅读学习的策略,有助于培养学生对作品的鉴赏力、理解力及表达力等综合的语文素养,从而为学生语文终身学习的能力奠定良好的基础。

有助于提升教师的教学能力。小学语文深度阅读教学策略的研究中的教

学模式不是课堂教学的一般流程，而是深度阅读模式的构建，也就是采取怎样的策略教。教师在选用教学模式或者构建某种模式的同时，先要弄明白教的内容，一篇课文要教、要学的内容的确很多，模式的选择能帮助教师做恰当的取舍，促使教师必须根据学情、年段的因素，以不同的课文设置、不同的教学目标，采用不同的教学模式，从而提升教师解读教材、设计方案及课堂实际操作等多方面的能力。

有助于提高课堂教学效率。选用了恰当的教学模式就等于选对了达成目标的途径。语文课程是一个多维的整体，从知识技能的角度看，语文的学习主要是识字、写字、读书、背诵、说话、写作几个板块，但这几个板块的教学载体却是一篇篇独立的课文，其身兼"工具"和"人文"两重性，正是这个原因导致语文阅读教学在"如何教"上成了一个永远扯不清的问题。而有效的教学模式有助于教师摆正"语文课程的多重功能"，使每节课的阅读教学更有针对性，重点突出、方法合理，从而提高教学效率。

## 三、小学语文深度阅读教学策略的研究的学术价值

小学语文是指义务教育语文课程，培养人的语文素养；深度阅读是指对学生进行阅读的技能、方法的训练，充分发挥其主体性和主动性，有效地促进他们学会阅读，从而提高阅读质量；教学策略是指凡能有效地实现预期的阅读教学效果、促进学生阅读能力提高的教学活动。本研究是指根据课程标准开展实验班对比、案例跟踪等的深度阅读教学活动，并对深度阅读教学策略的可行性进行评价。

小学语文深度阅读教学策略的研究是指根据小学语文学科特点（培养学生的阅读能力）分析，确定小学语文学科文本阅读的深度阅读教学策略，根据语文课程标准展开相关文本阅读的教学活动，并对深度阅读教学策略进行可行性评价的整个研究过程。

# 小学语文深度阅读教学策略的相关研究综述

小学语文是指义务教育语文课程，目的在于培养人的语文素养。从现代认知心理学的广义知识观来看，语文阅读能力是由三类知识构成的：一是有关课文内容的知识；二是通过对字、词、句的解码，从中获得意义的技能；三是理解作者的思路、构思与表达技巧方面的技能。阅读过程是这三类知识相互作用的过程，三者合一将获得语文高级技能，这种技能属于认知策略和元认知能力的范畴，受儿童认知发展阶段制约。在教学中进行深度阅读的教学策略是指凡能有效地实现预期的阅读教学效果、促进学生阅读能力提高的教学活动。

## 一、小学语文深度阅读教学策略的研究

小学语文深度阅读教学策略的研究的主要指导理念如下。

### 1. 掌握学习有关理论

布鲁姆为教学及其评价提出了一种与传统教育完全不同的观点——掌握学习。他认为：只要给予足够的学习时间和适当的教学，几乎所有的学生对所有的学习内容都可以达到掌握的程度。

### 2. 加涅的学习结果分类理论

加涅将学习结果在认知领域的目标分为智慧技能、言语信息和认知策略。其中，智慧技能的实质是学习者通过学习获得应用符号办事的能力。言语信息包括名称、符号、事实和原则，为了使言语信息的学习得以发生，言语信息的内容必须是有意义的。教授言语信息应将新的信息与学习者原有的知识相联系。认知策略是指学习者借以调节他们的注意、感知、记忆和思维内部心理过

程的技能。对于小学语文深度阅读教学策略来说，重点关注的是指引学生文本阅读的方法，提高学生的阅读能力。

### 3. 认知心理学理论

文本阅读信息加工过程的研究，一直是心理学界高度重视和关注的领域。自21世纪以来，以莫雷为带头人的文本阅读研究团队，提出了"文本阅读双加工"的理论。由于文本阅读过程是人类高级的、复杂的认知活动，本理论将为实际教学中学生遇到的若干问题提出研究的方向和依据。

### 4. 多元智能理论

每个学生都有自己的优势智力领域和弱势智力领域，有自己的学习类型和方法。因此，我们的课堂中再也不应该有"笨学生"的存在，只有智力特点、学习类型和发展方向不同的学生的聚集。对学生的错误，我们应该树立"对症下药"的教育观。因此要充分了解学生错误的原因，采用不同的教学策略。

这里将对国内外的文本阅读理论的发展历程做简要概述，主要包括文本阅读信息加工过程的建构主义理论、最低限度假设理论、记忆基础文本加工理论以及我国学者提出的文本阅读信息双加工理论。此外，还介绍了刘大为教授关于阅读过程中的元认知的报告以及我国学者周一贯提出的研究性阅读这一课堂阅读模式，旨在向读者展示相关问题发展的背景、线索、脉络和重要的研究方法以及最终得到的研究成果。同时还将介绍小学语文深度阅读教学策略的研究的研究方法、内容及成果，以期待研究的进一步深入并更好地将成果应用于实际教学中。

## 二、国外相关研究评述

人类社会自从有了文字，就有了阅读活动，阅读是人类获取信息的重要途径之一。文本阅读研究一直是心理学、语言学、心理语言学等领域关注的课题。自20世纪80年代以来，文本阅读研究集中探讨阅读过程中的信息加工过程。随着认知心理学的研究成果的不断丰富，语言学研究的日益深入以及研究方法的全面推进，文本阅读理解信息加工过程的研究得到不断的发展和进步。

当前文本阅读信息加工的主要理论有：建构主义理论、最低限度假设理论与记忆基础文本加工理论。由于不同的理论流派对文本阅读信息加工过程本质的看法有根本性的分歧，因此引发了相关重大问题的激烈争论：一是阅读过程中推理的性质；二是课文表征的水平；三是课文连贯的机制。下面将详细介绍各理论流派的观点。

**1. 建构主义理论**

文本阅读的建构主义理论认为，阅读的目的就是理解课文，它把这种理解看成一个主动的、积极的策略加工过程。策略加工是指读者会在目标的引领下对文本的事件、主人公的行为和状态进行即时的推理与解释，会依据当前读到的内容去唤醒已有的知识，把当前接收到的信息和读者头脑中已有的信息进行整合。随着阅读活动的进行不断构建文章的连贯的表征。

如果读者能够把正在读的句子和先前读到的句子或工作记忆里的信息联系起来，那么读者的阅读就达到了局部连贯（local coherence）；如果读者能把正在读的信息与课文更宏观的结构里的信息或者课文先前的、已经不再处于工作记忆里的信息联系起来，那么读者的阅读就达到了整体连贯（global coherence）。

建构主义理论关于阅读过程中的信息加工问题最具有代表性的理论是更新追随假设、恢复整合假设、因果关系网络模型以及事件标记模型。这些理论都从不同的维度证明阅读过程的积极性和策略加工的存在。

**2. 最低限度假设理论**

该理论是在质疑建构主义理论关于文本阅读过程中的推理问题而提出来的，它关注阅读中的推理。该理论认为，在自然阅读的情况下，读者不会随着阅读过程即时地进行推理、信息整合以形成一个连贯的文本表征，并且阅读的信息加工方式主要是自动化加工。在阅读活动中，读者针对那些易于获得的信息进行整合，只要当前阅读的信息能与读者工作记忆中所保持的文本信息进行整合，维持局部连贯，那么文本先前已经进入长时记忆的相关信息都不会再通达，只有在当前接收的信息出现了局部连贯中断的情况下，读者才会激活长时记忆中的信息来进行推理整合。因此在整个阅读活动中，读者的角色是消极的、被动的。

**3. 记忆基础文本加工理论**

以上两种理论是早期最具有代表性的理论，这两种理论的观点截然不同，但又有各自的实验证据支持。在这两派理论观点上的争议没有很好解决的情况下，记忆基础加工文本理论应运而生。该理论是在最低限度假设理论的基础上形成的，并逐渐成为目前最有影响力的一种文本阅读理论。

该理论保留了最低限度假设理论否定阅读过程中的即时推理，但同时又对最低限度假设理论进行了发展和扩充。它强调阅读过程中的自动推理，认为文本阅读过程中即使局部连贯没有中断，读者也会进行推理。同时承认读者在形成文本的整体连贯表征的过程中会产生推理，甚至包括精加工推理，但绝大部分的推理是通过自动激活就可以完成的，这显然否定了建构主义理论关于通过策略性加工来构建文本表征的观点。而对于最低限度假设理论中关于当前信息只能与保持在短时记忆中的信息维持局部连贯而不会激活已经进入长时记忆中的文本信息这一观点，记忆基础文本加工理论并不赞同。它强调读者在阅读过程中既要构建局部连贯，也要构建整体连贯。该理论认为，在阅读的过程中，即使在局部连贯性不中断的情况下，读者也会通达长时记忆中的信息，非策略地、被动地、快速地激活能够与之相匹配的文本信息，此过程称为共振。影响共振激活的主要因素是先前信息与当前信息在概念特征上的重叠程度，所谓重叠主要是指概念语义上的相关性。如果没有特征上的重叠，则先前信息的激活就不可能。只要有足够的重叠，即使两者相距较远，先前信息仍然会得到激活。

随着研究的不断深化，该理论也面临新的挑战。首先，虽然信息激活过程中的共振观点有实验的证实，并得到了大部分研究者的认可，但有相关研究表明，这一过程中并不能完全排除读者策略的存在。其次，在信息整合阶段，越来越多的研究者都倾向于该过程既包含记忆基础文本加工理论所主张的被动的、类似于共振的整合，也包含建构主义所倡导的主动、类似于意义搜索的评价过程。可以说，各种理论之间的发展趋势是逐渐地相互协调和融合的。

## 三、国内相关研究评述

20世纪八九十年代，我国的文本阅读研究者开始从认知心理学的角度对文本阅读问题进行研究。首先是莫雷在1988年创造性地提出"活动—因素分析法"对学生的文本阅读能力结构进行研究。1989年，张必隐和Danks等对文本阅读理解策略进行了研究，后期的研究表明：通过训练可以使学生掌握阅读精加工策略，从而提高学生的阅读水平。1990年，我国心理学者还就文章标记对文本阅读理解的特殊影响进行了研究，结果表明：文章结构标记对文章框架性结构信息的保持有着显著的促进效应，文章具体内容的标记只促进所标记的具体信息的保持。文章标记量的多少影响读者是否利用它们来指导文本加工，读者会策略地利用少量经过选择的标记来指导文本加工。同时还有研究者对文本阅读中的眼动特征、信息保持、信息加工过程进行了一系列的研究。

21世纪以来，我国的文本阅读研究进入迅速发展的新阶段，研究者针对国际心理学界关于文本阅读信息加工过程的一系列重大论争问题展开深入研究，其中最受国内外瞩目的是莫雷团队关于文本阅读心理的研究。

2001年有文献提出，文本阅读背景信息的激活不是一个更新追随的过程，而是基于记忆的消极共振激活过程。影响阅读理解过程的不仅有随阅读后更新的信息，还有长时记忆中的背景信息。2005年，文献研究还得出了两个不同时间阅读的文本之间可以产生跨文本共振激活的整合。关于文本阅读协调性整合研究，文献发现无论是通过共振激活的背景信息，还是保留在工作记忆中的信息文本，如果与新进入的文本信息有局部的不协调，那么就会产生协调性整合。协调性整合是一种建构性的整合，它不仅可以维持文本信息的连贯，还可以采用信息块的方式来构建所涉及的信息以便激活。

关于文本阅读推理的研究，根据读者在阅读时需要进行许多不同的推理，大致分为三类。第一类是实现局部连贯的推理，读者在阅读中会有意识地构建维持局部连贯的文本表征，这是必要推理。第二类是精加工推理，这是建构主义理论和记忆基础文本加工理论两大派别推理观论争的焦点，它包括各种关系的推理与丰富化推理，目的是建构文本的意义连贯情境模型。第三类是整体连贯推理，可以分为必要推理和精加工推理。

在此期间，我国的文本阅读理论还研究了文本阅读过程目标整合、文本阅读情境模型的建构与更新、文本阅读迁移研究相关内容等。

### 1. 文本阅读信息双加工理论

文本阅读研究一直是阅读心理研究的一个重要内容，是心理学界十分重视和关注的一个课题。文本阅读中的信息整合研究已经慢慢成为文本阅读研究的核心和热点问题。

研究者普遍认为，文本阅读过程实质上就是在读者头脑中建构起关于文本内容、层次及主题的表征系统的过程，这个过程不仅包括对文章句子和词的理解，更重要的是要将当前加工的信息和先前的不在读者记忆中的背景信息整合，以形成局部与整体连贯的心理表征。在文本阅读过程中，读者一般会建立起表层表征、文本基础表征和情境模型三种表征，另外，读者在阅读过程中会利用各种维度的信息建构起情境模型，如空间、时间、因果目的和主角等。许多研究者在每一个维度上都进行了相关的实验研究，并取得了研究成果，但是现在信息整合的许多问题还存在着争议。这些争议的核心问题引起了我国心理学工作者的兴趣，莫雷、冷英、王瑞明等教授全面分析和总结了国内外心理学界在有关文本阅读的研究成果的基础上，瞄准国际文本阅读信息加工的前沿问题展开系统的研究，提出了文本阅读的双加工理论，从理论上对文本阅读中的主要争议进行了初步整合。

文本阅读双加工理论的核心观点是：阅读文本的自然阅读过程是连贯阅读与焦点阅读的双加工过程，同时还提出关于阅读推理的新观点以及关于阅读过程文本表征的建立。如果当前阅读文本信息是没有引发焦点的信息或者是与焦点无关的信息，读者进行的就是连贯性阅读加工活动，这种加工是被动的、消极的，其主要任务是维持文本语义的局部连贯或整体连贯。最低限度假设理论和记忆基础文本加工理论主要揭示的是关于连贯性阅读的性质与特点。为了理解文本，读者会对文本中的目标系列的信息、因果系列的信息形成焦点，当所进入的文本信息是属于有明确的因果关系的信息，就可能会自动引发阅读焦点，这样在阅读过程中就自然进入了焦点加工过程。焦点阅读加工主要是使读者把握阅读文本的基本要旨，形成文本的局部或整体的逻辑连贯，这种加工是一个主动的、积极的构建过程，体现了阅读过程中读者的主动性。以上是建构主义理论主要揭示的焦点阅读的性质和特点。

文本阅读双加工理论还进一步说明了在实际阅读过程中连贯阅读和焦点阅读是如何交互进行的。该理论提出在任务条件下的阅读主要是焦点阅读。在自然阅读过程中，读者默认的是连贯阅读，随着阅读的进行，文本的内容或形式如果出现某些性质或特点，就可能引发读者转入焦点阅读的方式。

文本阅读双加工理论还从新的角度提出关于阅读推理的新观点：首先，阅读的过程是连贯阅读和焦点阅读的交互过程，读者根据阅读目的的不同产生不同的阅读需要，自然会引发不同的推理。读者为了维持文本的两个需要会引发自动的局部语义连贯推理和自动的整体语义连贯推理。其次，阅读过程中是否会即时进行推理，既受阅读过程性质的影响，又遵循着"以低价换取大收益"的"推理代价"原则。

同时，该理论还根据实验得出以下结论：在阅读中，读者进行何种信息加工活动与阅读材料的特点、阅读过程的性质等因素息息相关。文本阅读中读者所阅读的材料特点不同，引发的阅读信息加工活动也不同，而不同性质的阅读过程又会引发不同的推理整合，从而会建构不同类型的文本表征。文本阅读双加工理论已经形成了比较完整的理论框架，并获得了许多实验证据的支持。

以上就是文本阅读加工理论的主要观点。作为一个新的理论，该理论提出了其创新的理论观、框架，可以说丰富和发展了文本阅读的心理学领域的研究。在未来的文本阅读研究领域，希望有更多的研究者进一步关注相关问题，不断地完善发展文本阅读理论。

**2. 阅读过程中的元认知**

现代认知心理学提出认知是指从外部环境获取信息，对之加工处理并加以表征和存储，必要时提取出来经过运算以解决环境提出的问题。它包括感觉、知觉、注意、记忆、表象、想象、学习、判断、思维、推理、问题解决以及语言表达和理解等心理环节。而元认知就是对认知自身进行反思的过程，即对认知的认知。根据心理学家Flavell的观点，元认知包括三个方面：元认知知识、元认知体验和元认知监控。元认知的实质就是人对认知活动的自我意识和自我调节，就是对自我以及自我在从事任何活动时的反思能力。任何正常人必须具备一定的元认知能力，否则就无法适应生活和工作的各种需求。但是，教育要使之从不自觉、不随意发展为一种自觉的、受控的明确意识，并在完成各种不同领域任务时发展出各种不同的元认知策略。

基于现代认知心理学和阅读学的研究，2009年刘大为教授在一场关于"阅读过程中的元认知"学术报告中提出从元认知的角度看阅读。阅读作为一个相当复杂的认知过程，越是复杂的认知过程，越是需要"元"的观察和控制。他认为在阅读的过程中通过不断感知文字而获取信息，经过加工处理而达到理解，或者加以表征、存储以丰富我们的知识结构，或者用之解决环境提出的问题。从元认知的角度看阅读，阅读过程并非简单地对文字的识别以及对文字所负载的信息进行加工和理解的过程，而是一个对该过程积极监控、评价、调节的元认知过程。阅读的有效性，在很大程度上就取决于元认知过程的运转水平。同时，刘教授还在报告中展开了对"深度理解与阅读的系列化""兴趣阅读与有计划的阅读""网络阅读与书本阅读"等阅读中元认知现象的科学分析。

所谓阅读系列化就是从一个主题出发，出于对理解深度的追求而不断地寻求新的阅读文本，在这个过程中还可能会引发新的主题，那么阅读的范围也扩大了，追索阅读者的阅读历程形成的一个有着内在联系的文本系列。阅读系列化的形成是元认知的结果，引导学生在阅读的实际过程中建立自己的阅读系列。

兴趣对于阅读理解有显著的推动作用，兴趣浓厚的学生对阅读内容表现出更强的推理能力。当兴趣向动机转化时，计划就会自发地产生。因此，引导学生认识自己的阅读兴趣，实现兴趣和动机的相互转化、相互支持，让阅读计划具有可行性。

众所周知，时下兴起的网络阅读对阅读具有推动作用，它可以开阔人们的阅读视野，更容易激发人们的阅读兴趣，并通过多种感知渠道的刺激更好地对逻辑思维进行补充。但这一种信息尚未消化处理，出现更新的、更丰富的、更能激起阅读欲望的信息接踵而至的浅阅读模式，导致获得的信息越多，可能收获的意义却越少。信息的海量、无序对思维能力的冲击，思维难以形成清晰的主线和完整的逻辑结构，难以长久稳定地进行。这对阅读者思维的要求需要更开放、灵活、跳跃、富有想象力，同时也导致网络时代阅读更需要元认知意识保持对自我、任务、策略等元认知成分的清醒认识。

**3. 研究性阅读**

在我国，最早提出小学语文研究性阅读并对此进行研究的是全国著名特级教师、绍兴市小学语文教学学会会长周一贯老师。研究性阅读（以下简称"研读"）是指学生在教师的指导下，以研究探索的方式来自主地阅读获取和运用的一种阅读课堂教学模式，详细介绍可参考周一贯老师的文献。与传统的阅读教学课堂模式相比，它有三个特别的含义。

（1）学生在教师的指导下阅读。它特别强调了研读教学的视点是学生，即学生处于阅读教学的主体地位，是课堂的主人。这种以学生为中心的师生关系突出了阅读是学生的活动。当然，这一阅读活动不是个体封闭式的自学，而是在班级集体的课堂教学环境中进行群体开放式的合作学习。它不可能没有教师的指导和帮助，但这绝不是教师的灌输或传授。教师的指导主要在于营造一种有利于学生研究性阅读的环境和氛围，创设引领学生的途径和方法。

（2）以研究探索的方式。研究探索的方式是人类认识未知领域的基本科学方法，也就是在阅读活动中围绕研读的专题或中心，让学生从读物和自身的认知经验、生活阅历中去收集、分析、加工、运用信息，提高综合运用所学知识发现问题、提出问题、判断问题和解决问题的能力，从而养成学生的科学精神和科学态度，掌握基本的科学方法。在研读的过程中不仅激发学生的阅读兴趣，提高阅读能力，而且达到理解和运用祖国的语言文字，陶冶情操，培养创新意识，优化整体素质的目的。

（3）自主地阅读获取和运用。由学生主动地获取，才能变"学会"为"会学"，真正提高学生的阅读能力，而不再一味依赖教师的传授和灌输。这无疑是研读的重要意义之一。另外，由学生灵活地运用知识去解决阅读中的问题，更强调了研读的实践性要求，这同样十分重要。因为"我们的学校应该自觉地走出结论学习的模式，要注重经验式学习，让学生边做边学，使知识与技巧、经验产生互动，这会大大提高学生对问题的思考能力"。

研究性阅读正是要求学生用研究的方法去阅读课文，去收集、分析和处理与课文阅读专题相关的课文信息和生活信息，在增进思考力和创造力的同时，提高阅读能力和语文水平。

## 四、小学语文深度阅读教学策略的研究的研究方法与内容

目前对文本阅读过程及文本阅读心理学的理论研究成果相当丰富，文献

中的相关结论都可以很好地运用到教学实践中指导学生阅读。但在实际教学中，教师具体应如何通过有效指导，对学生进行阅读的技能、方法的训练，充分发挥其主体性和主动性，有效地促进他们学会阅读，从而提高阅读质量这一研究却少之又少。深度阅读的有效教学指的是凡能有效地实现预期的阅读教学效果、促进学生阅读能力提高的教学活动。鉴于国际学生评价项目PISA（Programme for International Student Assessment）阅读测评重点测试学生在为了个人应用、为了公共应用、为了工作和为了教育而阅读四种情境下获取信息、解释文本、反思与评价的能力。本课题立足本校特点，以新课程理念为指引，深入研究PISA阅读测评，以期为学生语文素养的全面提升做出贡献。因此，借新一轮教育课程的改革契机，进行小学语文深度阅读教学策略的研究势在必行。

我们采用文献研究法、归纳综合法，在准备阶段主要做了以下三个方面的工作。

**1. 调查分析小学语文学科深度阅读的现状及策略**

根据国际学生评价项目PISA阅读测评测试学生（抽样调查），对调查数据进行统计分析，撰写《小学语文学科深度阅读现状及实施策略》。

**2. 探索深度阅读与学生阅读水平的发展关系**

一是从价值层面解释回答"为什么阅读"的问题（阅读目的）；二是从事实层面认知回答"阅读什么"的问题（阅读文本）；三是从技术层面解决"怎样阅读"的问题（文本阅读）。

**3. 提炼深度阅读的基本原理、原则和方法，初步形成理论基础和实践方法**

一是探索小学语文阅读指导课型教学的基本规律（课型结构、评课范式、变式练习、筛选信息、处理信息等）；二是开展"同课异构"的案例研究、比较研究（一课两讲、两课一讲），探索有效阅读指导教学与相关变量之间的关系，探索相同文本不同年级的阅读指导教学的异同点。

在小学语文深度阅读教学策略的研究阶段，我们采用比较研究法、实证研究法，主要利用语文教研活动研究阅读指导课型结构及评课范式，研究同一文本怎样变式练习及变什么、怎么变，研究怎样筛选整合信息，研究同一话题文本不同年级"阅读文本"编写要求，最后根据国际学生评价项目PISA阅读测评编写学生阅读水平测试题，组织学生阅读水平测试，分析学生阅读水平测试数据并撰写数据分析报告。

## 五、小学语文深度阅读教学策略的研究的特色与创新

本课题的创新点是将认知领域目标分类理论、文本阅读双加工理论、多元智能理论综合运用到小学语文深度阅读教学策略的研究中，形成研究的理论基础与实践范式。

小学语文深度阅读教学策略的研究的特色是从学生的实际需求出发，体现生本思想，使学校整体的语文学科的教学进一步科学化，增强教学的实效性，更好地贯彻《义务教育语文课程标准（2011年版）》。一是开展同一话题不同年级的文本阅读指导，根据学生不同年龄的特点，培养学生的阅读技能，探究有效的教学策略。二是跟踪实验班与平行班的对比实验研究，根据国际学生评价项目PISA阅读测评测试学生，探寻深度阅读教学策略的实施效能。

### 参考文献

［1］Graesser，A.C.，Singer，M. &Trabasso，T.Constructing inferences during narrative text comprehension［J］. Psychological Review，1994，101（3）：371–395.

［2］Morrow，D.G.，Greenspan，S.L.，Bower，G.H.Accessibility andsituation models in narrative comprehension［J］. Journal of Memoray and Language，1987，26（2）：165–187.

［3］Albrecht，J.E.，O'Brien，E. J. Updating a mental model：Maintaining both local and global coherence［J］. Journal of Experimental Psychology：Learning，Memory and Cognition，1993，19（5）：1061–1070.

［4］Albrecht，J.E.，Myers，J. L. Role of context in accessing　distant information during reading［J］. Journal of Experimental Psychology：Learning，Memory and Cognition，1995，21（6）：1459–1468.

［5］Albrecht, J.E., O'Brien, E.J.The role of perspective in accessibility of golas during reading［J］. Journal of Experimental Psychology: Learning, Memory and Cognition, 1995, 22（6）: 364–372.

［6］莫雷.能力结构研究的基本方法与方法论问题［J］.心理学报, 1988, 20（3）: 305–311.

［7］何先友, 莫雷.文章主题的组织方式对文章标记效应的影响［J］.心理发展与教育, 2000, 2（3）: 1–24.

［8］张必隐.阅读心理学［M］.北京: 北京师范大学出版社, 1992.

［9］何先友, 莫雷.文章标记量影响文章标记效应的实验研究［J］.应用心理学, 2000, 16（2）: 25–29.

［10］鲁忠义, 彭聃龄.故事图式在故事理解中加工机制的初步实验研究［J］.心理学报, 1990, 22（3）: 247–254.

［11］莫雷.不同年级学生自然阅读过程信息加工活动特点研究［J］.心理学报, 1988, 30（1）: 43–49.

［12］莫雷, 陈雪枫.不同阅读过程文章信息保持特点的实验研究［J］.心理科学, 1997（6）: 481–484.

［13］陶云, 申继亮, 沈德立.中小学生阅读图文课文的眼动实验研究［J］.心理科学, 2003, 26（2）: 199–203.

［14］王穗萍, 莫雷.篇章阅读理解中背景信息的通达［J］.心理学报, 2001, 33（4）: 312–319.

［15］王穗萍, 莫雷.当前篇章阅读研究的进展［J］.心理学探新, 2001, 21（3）: 20–25.

［16］莫雷, 王瑞明, 何先友.文本阅读过程中信息的协调性整合［J］.心理学报, 2003, 35（6）: 743–752.

［17］莫雷, 冷英.目标焦点监控下目标信息的建构与整合［J］.心理学报, 2005, 37（1）: 41–50.

［18］冷英, 莫雷, 吴俊, 等.目标包含结构的文本阅读中目标信息的激活［J］.心理学报, 2007, 39（1）: 27–34.

［19］莫雷, 韩迎春.拥有关系信息情境模型建构的影响因素［J］.心理

学报，2002，34（6）：28-36.

［20］迟毓凯，莫雷，管延华.文本阅读中情境模型空间维度的非线索更新［J］.心理学报，2004，36（3）：41-48.

［21］伍丽梅，莫雷.说明文的因果推理与阅读表征的研究［D］.广州：华南师范大学，2008.

［22］莫雷，郭淑斌.阅读保持的类比结构映射效应研究［J］.心理学报，1999，31（2）：169-175.

［23］莫雷，张金桥.文章阅读对写作的结构映射迁移的实验研究［J］.心理发展与教育，1999（1）：28-31.

［24］崔峦.新世纪，小学教学要有跨越式的发展［J］.小学教学设计，2001（1）.

［25］莫雷，冷英，王瑞明，等.文本阅读信息加工过程研究：我国文本阅读双加工理论与实验［M］.广州：广东高等教育出版社，2009.

［26］周·贯.“研究性阅读”课堂教学模式的构建［J］.教学月刊：小学版（数学），2002（6）.

［27］周一贯.研究性阅读：新世纪的课题［J］.福建教育，2001（6）.

［28］温儒敏，巢宗祺.《义务教育语文课程标准（2011年版）》解读［M］.北京：高等教育出版社，2012.

［29］施良方，崔允漷.教学理论（课堂教学的原理、策略与研究）［M］.上海：华东师范大学出版社，2010.

［30］王云峰，马长燕.实践取向（小学教师教育教程语文教学基础）［M］.北京：教育科学出版社，2007.

［31］黎耀威.综合实践活动课型范式［M］.广州：广东教育出版社，2010.

［32］王林.由关注技能到关注素养——从PIRLS看学校中儿童阅读能力的培养［J］.人民教育，2008（5）.

［33］温鸿博，莫雷.小学生语文阅读能力评价系统建构［J］.基础教育课程，2005（3）.

［34］皮连生.学与教的心理学（第五版）［M］.上海：华东师范大学

出版社，2009.

[35] 温儒敏.温儒敏论语文教育二集 [M].北京：北京大学出版社，2012.

[36] 李海林.立言立人立心（王尚文语文教育思想研究）[M].上海：上海教育出版社，2010.

# 小学语文深度阅读教学策略的深度学习

关于深度学习的内涵，目前并无统一的定论。笔者比较认同北京师范大学郭华教授所下的定义："所谓深度学习，就是指在教师引领下，学生围绕着具有挑战性的学习主题，全身心积极参与、体验成功、获得发展的有意义的学习过程。在这个过程中，学生掌握学科的核心知识，理解学习的过程，把握学科的本质及思想方法，形成积极的内在学习动机、高级的社会性情感、积极的态度、正确的价值观，成为既具独立性、批判性、创造性又有合作精神、基础扎实的优秀的学习者，成为未来社会历史实践的主人。"

这一定义既界定了深度学习的性质、内容和过程，又界定了任务和目的，对于一线教师具有极大的指导意义。

在小学语文深度阅读教学中引导学生进行深度学习，可以促进学生语文核心素养的形成和发展。

## 一、阅读教学中学生深度学习的表征

深度学习和浅表学习是相对的两个概念。在小学语文深度阅读教学中，与浅表性学习相对比，深度学习具有以下特点。

### 1. 学习动力持久

学习动力是学习任务得以进行的重要保障。在深度学习中，这种学习动力来源于两个方面：一是外在的吸引，比如新鲜的刺激物；二是内在的动力，更多的是对知识的探索和渴求，以及有所成就之后的获得感、满足感。而内在的动力会更为持久。

**2. 学习内容集中**

学习内容集中不仅仅是知识的表层，更多体现在知识的深层、知识的内容关联。这种内在的关联性，更能从逻辑的层面促进学生思维的发展，促进语言智慧的形成。

**3. 主动构建知识**

主动性是深度学习的一个主要特征。正因为是主动性，学生的学习才有可能走向深入，走向积极，才有可能在学习中获得积极的体验，产生持久的动力。

**4. 运用高阶思维**

学习过程中的高阶思维，是深度学习的另一个主要特征。高阶思维表现在分析、评价、创造的思维，较多进行批判性的思维。高阶思维有一个比较明显的特点就是不断反思、不断追问。深度学习中的高阶思维让学生不断获得探索的乐趣，并沉浸在喜悦之中。

**5. 灵活迁移运用**

学习的目的是应用，这种应用并不是呆板地套用，更多的是灵活地运用，是一种创造。表现在语文学习中，更多的是一种语言的智慧，在具体语境下的言语的智慧。

## 二、深度阅读教学中促进学生深度学习的策略

### （一）激发积极性的学习动力

学习动力是学习任务完成的重要保障。深度学习视域下的动力，既可以是学习的兴趣，也可以是学习的热情。这种动力的来源，一是外在的，来自老师的鼓励、同学的赞扬，来自陌生化的刺激物；二是内在的，来自发现及创造的快乐。

**1. 内容陌生化，产生新鲜感**

依据学生的动力源，教师在教学中，除了欣赏、鼓励学生之外，还应该在教学内容的陌生化方面，让学生获得新鲜感。

例如，在教学统编版三年级下册《我变成了一棵树》一文时，教师可以带着学生进入陌生化的境界中。三年级的学生通过自己阅读，基本可以读懂故

事的大概内容，如果老师依然是按部就班地讲解，学生必然觉得索然无味，提不起精神，更谈不上主动学习、高阶思维的介入。因此，老师可以问："课文写'我'变成了一棵树，本来可以很自在，为什么非要写妈妈住进来，还要给小动物分饼干？"这样一个问题，既触及这篇文章的核心，又让学生产生了一种"陌生化"的感觉。学生在这个问题的引导下，会产生一种不解：对啊，为什么要写妈妈呢？为什么还要写妈妈分饼干呢？分别的不行吗？顺着这样的思路，学生自然开始了一种主动的探索和思考。

**2. 发现和创造，获得成就感**

一个人最大的成就感，莫过于来自独特的发现和创造。因此，教师在教学的过程中，一定要给学生以足够的时间和空间，让学生有所发现和创造。

还是以《我变成了一棵树》一文为例，学生在教师问题的引导下，产生了探索的欲望，教师可以让学生进行自主思考、自主发现。学生就会发现，原来课文写妈妈分饼干，和"我"不愿意吃饭有关，正是因为"我"不愿意吃饭，妈妈才通过分饼干给小动物的方法，诱惑"我"，让"我"嘴馋，肚子咕咕叫，才忍不住现出原形。通过这样的自主发现，学生才会明白，原来这是关于一个妈妈和一个不愿意吃饭的孩子之间的故事。

而后，可以引导学生重构这个故事：假如"我"不愿去上学，变成了一棵树，会有谁，运用什么办法，让"我"重新去上学呢？

这样的设计就给学生自主创造提供了空间和机会。有了这样的机会，学生就会积极主动地投入故事的重构之中，不断地书写自己的创意。这种发现与创造就是学生内在动力的重要源泉。

**（二）重组结构化的学习内容**

小学语文教材属于文选类教材，这一类教材既有原生价值，又有教学价值。在教学时，教师应该依据课程标准、编者意图和学生实际，对教材内容进行重新组合。重组的关键在于构建结构化的学习内容。结构化的学习内容是指遵循一定的逻辑规律，由浅入深、由表及里、由中心拓展到四周。这样结构化的学习内容，有利于学生深度思考，上下勾连，左右连接。

**1. 由表及里，深入探究**

教师在重组学习内容的时候，应该选择一个好点，围着这个点，由浅入深，将众多散漫的内容连接在一起，形成有内在逻辑的、结构化的内容。

这样的内容组合有两个关键点：一是选择一个合适的切入点，这个切入点必须是牵一发而动全身。二是围绕这个点，选择一系列的内容。

例如，在教学统编教材五年级上册《慈母情深》一文时，教师可以选择的点为"鼻子一酸"，让学生紧紧围绕着"鼻子一酸"展开探究。教师可以在学生自主学习的基础上，选择母亲工作的环境、状态、给"我"钱的坚定等方面的内容，引导学生提取信息，自主感悟，从而体会母爱的伟大。

**2. 由点及面，拓宽范围**

有时候，教材内容比较单薄，教师为了促进学生的深度学习，可以依据教学点，丰富、补充相关的文本材料，让学生从不同角度进行思考、探究。

例如，在教学《宇宙的另一边》《我变成了一棵树》以及习作例文两篇之后，可以引导学生发现四篇文章的异同，得出基本的文章结构模型，以帮助学生进行想象作文的写作。

再如，在教学《示儿》一诗时，可以引入《秋夜将晓出篱门迎凉有感》《题临安邸》，通过这一系列素材，让学生在综合对比中体会诗人陆游的爱国之情，体会遗民之盼、权贵之醉。

**（三）运用多元化的学习策略**

学习从浅表层到深层，这需要一定的过程和策略。

**1. 思维导图**

思维导图的价值在于将文本信息结构化，将思维过程可视化。这一思维工具有助于学生对文本进行深加工，既有利于整体把握，又有利于细部揣摩。

在小学语文教学中，思维导图的突出作用在于整体把握。学生通过梳理、制作思维导图，提取了关键信息，构建了一个完整的文本框架，对于落实"联系上下文理解词句段"有很大的帮助。

例如，在学习《圆明园的毁灭》一文时，教师引导学生制作思维导图，把握了文本是从圆明园的布局、建筑、文物、毁灭四个方面来写。通过思维导图，学生很容易发现文章重在写布局、建筑和文物，而毁灭写得很简短，这和文章的题目自相矛盾，从而产生阅读的张力，促使学生进一步探索。学习完之后，再看文章的思维导图，就会对这篇文章的独特结构印象深刻。

**2. 对比替换**

对比是认识客观世界的一个基本方法。通过对比，可以发现事物之间的异同。在小学语文教学中，对比既可以在文本与文本之间，也可以在文本内部进行；既可以是整个文本之间的对比，也可以是某个词句甚至是一个标点符号之间的对比。要根据具体的教学目标而定。

例如，在教学老舍先生的《猫》一课时，可以和他的另一篇作品《母鸡》进行对比。教师可以提出对比点，引导学生进行自主阅读、感悟，如可以提出这样几个问题：两篇文章都是写动物，表达了作者什么样的情感？从哪里可以看出来？两篇文章表达的情感相同，写法上有什么相同和不同呢？通过这样的问题导向，让学生了解同一作家的不同作品风格。

在同一文本的内部也可以进行对比教学。教师可以引导学生聚焦不同板块或者不同的句式、词语之间的对比，引导学生发现异同，体会文章结构、词句在表情达意方面的作用。

例如，在教学《将相和》一课时，可以引导学生关注三个小故事之间的异同，通过对比阅读，发现人物的特点。

**3. 有效提问**

提问是常用的一种教学支架，通过有效提问，触发学生的思考。教师在设计问题的时候，应该注意问题的开放性、启发性和指向性。

例如，在执教统编版小学语文六年级下册《那个星期天》一课时，教师根据本单元的语文要素，设计了三个主问题：①一边读一边想，课文的主要内容是什么？②默读课文，圈画关键词语，说说这一天"我"的心情经历了什么样的变化。③作者是如何来写人物的心情，如何表达情感的？

第一个问题是让学生把握课文的主要内容，完成对文本的整体感知；第二个问题是深入文本的内部，体会作者的情感；第三个问题是对文本表达的体悟。这样三个问题支架，引导学生从内容到情感再到表达，遵从"语言—内容—语言"的规律，实现了"在语言中走一个来回"的目标。一改浅表层次的学习，学生借助这三个问题，运用高阶思维介入，让学习走向深度。

**4. 内外连接**

语文的外延等于生活的外延。写文章需要"思接千载，视通万里"，语文的学习也是如此，需要连接内外，勾连古今。基于此，有研究者提出语文教学需要"互文参读"的方式。

内外连接有两个方面的含义：一是文本内容和生活的连接。让学生回归生活，还原画面，复活文字。二是引入其他文段，或补充，或丰富，或对比，让学生具有更加开阔的视野。

例如，在教学《冀中的地道战》一课时，就应该补充相关资料，让学生了解抗日战争时期的背景。只有通过具体资料的补充和引入，学生才能体会到冀中人民的智慧和爱国，同时也激发学生对日本侵略者的痛恨。

## 三、结语

深度学习是核心素养时代的必然选择。只有通过深度学习，才能让学生主动学习、自主构建，发展核心素养。小学语文教师也需要不断研究深度学习的特点，探索具体的实践途径和策略，真正让深度学习在小学语文课堂发生。

**参考文献**

［1］凯琳·比尔斯，罗伯特·E.普罗布斯特.颠覆性思维：为什么我们的阅读方式很重要［M］.北京：中国青年出版社，2020.

［2］徐捷.深度阅读［M］.北京：中国商业出版社，2020.

［3］钱义珍.深度学习理念下小学语文阅读教学的推进［J］.小学生（下旬刊），2020（11）.

2

第二章

"角色朗读"的深度阅读
教学策略

# "角色朗读"的深度阅读教学策略论述

　　小学语文深度阅读教学关注小学语文文本阅读的教学，通过教会学生阅读的方法以及阅读的技巧，从而提高学生的阅读水平。我们以《惊弓之鸟》教学为例，尝试运用"角色朗读"这一教学策略来进行教学，收到了较好的教学效果。

　　《惊弓之鸟》是人教版三年级下册第三组的一篇课文。在第一课时的教学中，我们没有急于直奔中心，而是将学生的底子打好，充分发挥学生、教师、文本三者的作用和影响，协调开展教学活动。我们把第一课时的教学目标定位在：会认5个生字，会写12个生字；正确读写"惊弓之鸟"等词语；分角色朗读课文，抓住关键词句，理解课文内容。这节课，我们努力构建学习型课堂，以角色朗读为主线，学生有充分的时间去读书，有充足的空间去思考，让每名学生亲历语言实践的过程，基本达成预设的教学目标，并且体现了小学语文深度阅读教学的几个特色。

## 一、读为主线

　　成尚荣先生说过："教师是成人世界派往儿童世界的文化使者。"教师要踏进儿童世界的大门，踏上通向儿童世界的路径，必须怀揣着童心上路，理解儿童的自然属性，理解儿童的内心感受，善解和容忍儿童的"无厘头"行为，展示与儿童一样的天性和灵性，避免成人的痕迹。我们在教学中以角色扮演为策略增加了童趣，以指导学生读好更赢说的那句话为例，先让学生自读感悟，相机进行学法的指导，让学生明白扣住人物语气来读，就能读得形神兼备。在这一教学过程中，由老师扮演魏王，学生扮演更赢，这样的角色朗读不但充分体现了学生的主体地位，而且给予了学生展示的平台，学生学得有趣。附《惊弓之鸟》的教学实录如下。

师：（指黑板）真有这样奇怪的事情吗？请同学们读第3～8自然段，关注课文中每一位人物的语气。可以同桌之间进行分角色读，也可以自己同时扮演两个角色读。

学生汇报：一个当魏王，一个当更羸，一个当旁白。

师：你们觉得他们读得怎样？

生1：我比较喜欢当魏王的同学，他读出了魏王当时的"大吃一惊"。

生2：我觉得当更羸的同学如果能再自信一点就更好了。

师：看来大家都有自己的思考，下面请一位"魏王"再来读第3自然段。

（学生读书）

师：谁来评一评？

生3：他读出了疑问的语气。

师：（问读书的同学）你在读的时候注意了什么？

生：这是一个疑问句。

师：从哪里看出？

生：标点符号。

（板书：有这样的本事？）

师：此时，魏王的表情会怎样？

生4：信不过自己的耳朵。

师：也就是说，魏王以为自己……

生5：听错了，不相信。

师：当时魏王的表情会怎样呢？

生6：可能会歪着脑袋，眉头紧锁。

师：再请"魏王"来读。

（学生读书，读出了魏王怀疑的语气）

师：魏王此时心里有特别多的……

生7：问号！

师：如何将魏王的话读好，老师再给同学们一个秘诀：朗读时还要关注提示语和标点符号。

在以上的教学环节中，我们在指导学生朗读的同时引导学生关注提示语和标点符号，从而教会学生分角色朗读的方法。又如，最后一个环节是分角色朗读，在同桌之间互相练习的时候，学生的兴致极高，充分地与文本联系在了一起。此外，我们还重视引导学生进行自我评价，创设了整个学习有趣的教学氛围。

## 二、读中悟法

温儒敏先生曾有这样的观点："所谓语文就是母语学习的课程。母语虽然内化在人的精神和思维习惯中，但这需要过程，所以母语要长期不断学习，语文素养的提高是长远的事情。"因此，在阅读指导教学中，方法的指引就显得尤为重要。在本节课中，我们关注引导学生掌握分角色朗读课文的方法，并通过一步一步的阶梯式引导，从读出不同人物说话的语气到关注提示语和标点符号，再到边读边想象当时的画面，体会人物的心理活动，学生在文字中游历了一番，最终达到分角色朗读的要求。此外，我们还运用插图、查字典和联系上下文教会学生解词的方法，把读和悟结合在一起，从而提升学生的语文学习素养。附《惊弓之鸟》的教学实录如下。

师：他上演的神奇一幕，谁来读？

（课件出示：第5自然段）

师：你为什么能读得这么好？

生1：边读边想象当时的画面，就像放电影一样。

师：读书想画面，这是一个很好的读书方法。

师：一字表多意是中国文字特有的现象。在这段文字中，"直"字一共出现了两次，谁能联系上下文来说说这两个"直"字的意思有什么不同。

生2：第一个"直"字是因为大雁心里害怕，就一个劲儿地往上飞，大雁在拼命，在使劲，在用尽全力。

生3：第二个"直"字是因为大雁的伤口裂开，忽然从半空中直掉下来。

师：看第38页的插图，我们不仅要理解字典里的意思，还要结合语境，体会大雁掉得快，让我们一起边读边想象画面。

生：齐读。（教师在读的过程中点拨了弓所发出"嘣"的一声响，营造了当时大雁心里紧张的气氛）

这一环节，我们仍然以角色朗读贯穿教学，并关注以学生的自主学习为首，品析当中的好词好句。在练习朗读过程中，让学生充分发表意见，从而领会有关词语的含义和说话人的内心思想活动。在创设争当朗读能手的氛围中充分留给学生自学空间、想象空间、质疑空间，鼓励学生个性化地朗读，开拓思维，大胆提问，培育学生有创造性学习的勇气、灵气，由被动模仿学习走向主动创新学习，给课堂注入生机与活力。

## 三、读后拓展

现代阅读理论认为，文本意义是在读者与文本的对话中构建的。在阅读教学的对话过程中，必须以学生与文本的对话为前提。学生与文本的对话应该是学生个体与文本直接的、自然的、亲密的接触。我们结合学情的特点对教材进行重组，把握好学生学习的难度和容量。如在生字的学习之后，让学生选择生字词进行课文主要内容的概况，既规范了概括的语言，又对生字词进行了运用，为后续的角色朗读奠定了基础，可谓是一箭双雕。附《惊弓之鸟》的教学实录如下。

师：生字词会读了，会写了，会用吗？下面一段话，自己边读边思考，该怎样填？

课件出示：

惊弓之鸟、魏国、射箭、打猎、大吃一惊、大雁、拉弦、本事、孤单失群、悲惨、愈合、痛

更羸是古时候（　　　）有名的（　　　）能手。有一天，他跟魏王去（　　　），看到一只（　　　）的大雁飞得慢，叫得（　　　）。他不用箭，只拉弓，那只大雁就直掉下来。

（学生思考后回答，教师点击课件，出示括号中的词语）

更羸是古时候（魏国）有名的（射箭）能手。有一天，他跟魏王去（打猎），看到一只（孤单失群）的大雁飞得慢，叫得（悲惨）。他不用箭，只拉弓，那只大雁就直掉下来。

师：全班同学读一次。

学生读这一段文字。

师：这就是全文的主要内容。

概括能力是高层次的思维活动，我们结合生字词的运用，能在一定程度上帮助学生从浅易处入手，消除概括课文大意时无从开口、无从下手带来的苦恼，使概括大意尽量准确、全面。根据学生的学情，我们将第9自然段的学习安排在第二课时，结合文本进行思维方法的训练，以一篇带两篇课外阅读进行拓展训练，联系生活实践，真实体会"惊弓之鸟"的寓意。

## 四、读有所得

窦桂梅老师关于朗读提出了两个新解：朗读，是再现世界的一种方式；朗读，读的是感情，更是感受。我们清楚地知道，准确地把握作品内容，透彻地理解其内在含义，是朗读再现世界的前提和基础。在本节课中，学生朗读的能力得到了提高，理解的程度也比较到位，表演读就是很好的检测。附《惊弓之鸟》的教学实录如下。

师：我们分组合作读第1～8自然段。第1组做魏王，第2组做更羸，第3、4组做旁白，看看哪个组读得最好。

（学生分组合作读书）

师：大家读得不错，能演吗？（课件出示魏王和更羸的头像以及他们之间的对话）

师：既然要演，要做好哪些准备呢？

生1：我们要背好台词。

生2：要注意不同人物的语气。

生3：注意根据故事的需要设计好动作，注意自己脸上的表情。

师：好，就按大家的设想去做吧，同桌试一试。

[汇报：请学生进行角色扮演（学生演得惟妙惟肖，入木三分）]

师：大家来评一评。

生4："更羸"刚才加上了射箭的动作，特别逼真。

生5：他们都读出了魏王和更羸说话的语气。

生6：演魏王的同学，他当时"大吃一惊"的表情真的很逼真。

分角色朗读不但要求学生读出感情，而且要求学生进入文中的角色，是在有感情朗读的基础上进行的。这里安排同桌分角色朗读，实际就是鼓励学生全员参与。我们在课堂组织教学中还引导学生发现了多音字"更"，联系旧知识了解大雁，通过联系生活实际，理解"大吃一惊"并体会魏王的心理活动等。这些都是学生在学习中的所得。

在小学语文深度阅读教学中，教师只有确立学生的主体地位，教是为学服务的，把时间交还给学生，师生、生生之间互动，思维进行碰撞，生成新的教学智慧，才能达到深度阅读教学的最佳境界——教学相长。角色朗读就是达成这种高效能的教学策略之一，我们将继续尝试其他有效的教学策略服务于小学语文深度阅读教学，让学生的语文素养真正得到最大的提升。

**参考文献**

［1］魏丽君.魏丽君与童化教育［M］.北京：北京师范大学出版社，2014.

［2］温儒敏.温儒敏论语文教育二集［M］.北京：北京大学出版社，2012.

［3］吴立岗.小学语文教学研究［M］.北京：中央广播电视大学出版社，
  2004.

［4］窦桂梅.跟窦桂梅学朗读［M］.长春：长春出版社，2010.

# 《惊弓之鸟》教学设计

## ——小学语文人教课标版三年级下册

## 【设计初衷】

教师指导学生通过自学，主动发现问题、提出问题、分析问题和解决问题；通过讨论交流，互帮、互教、互学，达到共同提高的目的；开展当堂训练，达标检测，巩固所学知识，反馈学习效果，及时查漏补缺；将知识进行拓展提高，发散学生的思维，满足学生发展的需要，最终让学生在掌握知识的过程中学会学习、学会探究、学会合作、学会助人，还课堂本该有的生机和活力，使课堂真正成为学生学习的学堂，让学生在助人助己的学习活动过程中体会到成功的欢愉。

构建语文深度阅读课堂：主旨在将课堂的主人翁地位还给学生，让学生在自主互助的学习中愉快地学好知识，培养自主发展和自学能力，为成功的人生打下坚实的基础。

## 【教材分析】

这篇课文是一个成语故事，讲述的是古时候有个射箭能手叫更羸，他观察了天上飞的一只大雁后，不用箭，只拉弓，就使大雁掉了下来。原来这是一只受过箭伤、孤单失群的雁，听到弦响就吓得从天上掉下来了。"惊弓之鸟"这个成语因此得名，比喻受过惊吓后，遇到一点动静就害怕得不得了。这则成语故事语言生动、形象鲜明。

全文共九个自然段，按照先果后因的顺序展开叙述，先写更羸提出不用箭，只需拉弓就能使大雁掉下来；然后写更赢试了一下，大雁果然从半空中直掉下来；最后以环环相扣的说理，分析推断虚发雁落的原因，是一篇很有说服力的推理文章。更赢之所以能做出这样正确的分析和判断，是因为他善于观察、勤于思考。他看得认真、听得仔细，并且能够把看到的、听到的和自己的实践经验结合起来进行思考。

选编这篇课文的意图是引导学生抓住关键词句，理解课文内容，从更赢善于观察、善于分析中受到启发，学习对事物进行分析推理的方法，初步培养学生善于观察、勤于思考的兴趣和习惯。

## 【学情分析】

小学三年级的学生识字量有了一定的积累，能初步对课文中不理解的地方提出疑问，能抓住课文中关键词句理解文章的主要内容。这些是我们教学设计的起点。本学期，学生的学习自主性更强，因此学生对个性化评价的需求更强烈，让学生学会自由地表达自己的想法，既能激发学生学习的主动性，又能帮助教师引导学生对文本进行深刻的理解。同时调动每一个孩子的语文兴趣，构建语文学习型课堂，全面提高教学质量。

## 【教学目标】

### 1. 知识与能力

会认5个生字，会写12个生字。正确读写"惊弓之鸟、魏国、射箭、打猎、大雁、拉弦、悲惨、愈合、裂开"等词语，懂得"惊弓之鸟"这个成语的意思。分角色朗读课文，抓住关键词句，理解课文内容。学习对事物进行分析推理的方法。

### 2. 过程与方法

通过分角色朗读课文，学生自学，小组讨论，揣摩"惊弓之鸟"蕴含的意思。

### 3. 情感态度与价值观

从课文的学习中受到启发，懂得只有善于观察、善于分析，才能对事物有正确的认识。

## 【教学重难点】

分角色朗读课文，联系上文理解最后一个自然段更羸说的话，要把着眼点放在引导学生理解、体验更羸观察、分析、判断、推理的思维过程上。这也是教学的难点。

## 【课前指导】

学生预习：

（1）读两遍课文，要求把字音读准确，把语句读通顺，读出标点的停顿感。

（2）边读课文边圈画出要学习的生字所在的词语，即生词，通过查字典或联系上下文理解词语的意思，标出自然段。

（3）"我会写"的生字预习要求读熟，口头组词，仔细观察占格，想一想哪一个字有难度，就把哪个字圈画出来。

（4）尝试说一说：课文讲了一个什么故事。

## 【教学媒体】

音乐、图片综合多媒体课件。

## 【课时安排】

2课时。

## 【教学过程】

### 第一课时

**（一）创设字源情境，引发学生探究**

（1）创设探究"弓"字演变的情境。

（2）图文学习：弦、射箭。

（3）启发学生回忆已有知识：了解大雁。

（4）理解"惊弓之鸟"。

设计意图：结合三年级的学情，引导学生关注汉字的起源，调动学生已有的旧知，用以创设探究性的学习氛围，激发学生的学习动机，进行生动活泼的教学。

**（二）初步自学课文，训练概括能力**

（1）请同学们自由朗读课文，注意读准字音，读通句子，了解故事的内容。

（2）检测生字词的掌握情况。

（3）利用生字词，概括课文大意。

设计意图：初读课文有助于对课文内容建立总体的感性认识，为学生更好地学习字词句段篇打下坚实的基础，帮助学生形成自主学习、自主朗读课文的良好习惯。概括能力是高层次的思维活动，结合生字词的运用能在一定程度上帮助学生从浅易处入手。

**（三）切入课文内容，朗读理解感悟**

**1. 学习第1自然段**

采用扩展的方法理解：有名的射箭能手。

设计意图：联系学生的生活实践理解词语，运用词语。初步了解更赢。

**2. 自读自悟**

自由读第2~8自然段，将更赢和魏王说的话找出来，并用不同的符号画出来。建议大家分别扮演更赢和魏王，看看谁读得最好，是一名读书能手。

设计意图：熟读精思、切己体察，古人读书无不强调主体自悟的重要作用，书要靠自读，语言运用之妙要靠自己去悟，语文基础文化底蕴要靠学生自己去积淀。

**3. 全班交流，指导朗读，品读感悟**

（1）读出更赢的自信而不自大。

（2）读出魏王的不相信、大吃一惊。

（3）掌握边读边想象画面，关注课文的提示语、标点符号等读书方法。

（4）联系课文语境理解"直"字不同的含义。

设计意图：以学生的自主学习为首，学生通过对课文中语句的品读与分析，关注课文中的标点符号，关注说话者的提示语，进一步鼓励学生大胆思维，与同伴进行合作交流，在具体的语境中理解含义比较深的词句，达到深度阅读。

**4. 合作读书**

四人一个小组读书。

**设计意图：**让"四人小组合作读"拥有明确的分工，让组内的每个学生都明确自己的职责，真正知道自己是合作学习的参与者，而不是旁观者。只有每个学生都投入、都参与的"四人小组合作读"，才是真正面向全体学生的，真正做到真实的、朴素的教学。

**5. 分角色朗读**

同桌分角色朗读课文。

**设计意图：**分角色朗读是在有感情地朗读课文的基础上对学生提出的更高要求。它不仅要求学生读出感情，而且要求学生进入角色。这里安排同桌分角色朗读，实际就是鼓励学生全员参与。

**（四）回归课文中心，导思存疑留趣**

更羸真有这样的本事！那他的本事在哪里？"惊弓之鸟"这个成语到底会给我们怎样的启示？我们下节课再学。

**设计意图：**第一课时以朗读贯穿其中，让学生尽情地、入境地读，在读中思、读中练，为第二课时打下扎实的基础。有了本节课的基础，教师在下一节课中就可以充分引导学生理解、体验更羸观察、分析、判断、推理的思维过程，从而突破教学的难点。

# 第二课时

**（一）复习导入**

更羸的本事在哪里？

**（二）深入阅读文本，体验思维过程**

**1. 四人小组讨论**

更羸看到大雁后做出了"不用箭，只拉弓，大雁就会掉下来"的判断，这个判断是怎样一步一步做出来的？

**2. 厘清推理的过程**

集体交流：更羸的这段话总共有四句。第一句说的是他看到和听到的情况。看到的是——"它飞得慢",听到的是——"叫的声音很悲惨"。第二句说他根据看到的和听到的进行分析:从"飞得慢"知道"它受过箭伤,伤口没有愈合,还在作痛",从"叫得悲惨"知道"它离开同伴,孤单失群,得不到帮助"。这两个倒装的因果关系句有力地强调了"飞得慢"和"叫得悲惨"的原因,而这些原因正是更赢看见大雁飞的情形分析所得。第三、四句是他进一步的分析、推理和最终得出的结论。

**3. 说话练习**

有一天,更赢跟魏王到郊外去打猎。一只大雁从远处慢慢地飞来,边飞边鸣。更赢仔细看了看这只大雁。他想:它飞得慢,是因为＿＿＿＿＿,叫得悲惨,是因为＿＿＿＿＿。它一听到弦响,心里就＿＿＿＿＿,一使劲儿,伤口就＿＿＿＿＿。

**4. 指导朗读**

教师指导学生朗读。

**设计意图**:长期以来,对于如何理解语文的工具性与人文性,一直存在着认识上的分歧。华东师范大学课程与教学研究所教授倪文锦认为,语文学科就是从形式与内容两个侧面发展学生的语文能力,保持"形式训练"与"实质训练"的平衡。工具性与人文性的统一是在实践和训练的过程中体现与把握的。对此,我们以读为本,实现工具性与人文性的统一,并且重在探究,鼓励学生质疑问难,在提出问题、解决问题的过程中自主发现,达成工具性与人文性的统一。再者,读写结合,立足文本、感悟文本,在理解与表达中体现工具性与人文性的统一。

**(三)拓展课外阅读,深化"惊弓之鸟"**

(1)你觉得更赢是一个怎样的人?(善于观察、善于思考)

(2)说说"惊弓之鸟"这个成语的意思。从这个故事中你得到了什么启发?

(3)阅读课外材料:

①一天夜里,有一个小偷溜进了一户人家的院子里,正想偷东西,这时,一只大黄狗扑了过来,狠狠地咬了他一口,小偷忍着疼痛,飞快地逃跑了。后来,他一听到狗叫,心里就很害怕。

②有的人被蛇咬过一次，以后看到草绳就害怕，成了惊弓之鸟。

此后，如"曾经受过惊吓，再遇到类似的情况就很害怕"的，我们一般都可用"惊弓之鸟"这个成语来形容。

**设计意图：**使课堂教学得以有效延伸。对小学生来说，课内学习与课外学习，应当以课内为主，教师必须加强课堂教学，切实上好每一堂课。但是仅仅这样做是不够的，还必须有一定的课外阅读相配合，从而引起学生探求知识的欲望，丰富知识，开阔视野，也有利于学生学得有趣、学得扎实、学得活泼。

**（四）分层布置作业**

读一读：分角色朗读课文。

演一演：排演课本剧。

写一写：我是一只受伤的大雁……

**设计意图：**分层布置开放性作业的设计，有利于调动学生作业的兴趣，激发他们创造的潜能，培养其创新能力。

📖 **板书设计**

惊弓之鸟

只拉弓

↓

真有这样的事？

【教学反思】

让深度阅读教学"读"出效果

——《惊弓之鸟》第一课时教学实录与教学反思

**（一）设计理念**

构建语文深度阅读课堂，让学生真正成为课堂学习的主人，让学生在自主互助的学习氛围中愉快地学好知识，形成语文能力，养成良好的语文学习习惯，保持对语文的学习兴趣和信心，能够自主、合作、探究地学习语文，使学生的语文素养得到全面提高。

（二）教学实录

1.创设情境，导入新课

（略）

2.初读课文，整体感知

（1）学生自学课文，检测生字词的掌握情况。

（2）学生交流识字、写字情况。

（3）利用生字词，概括课文大意。

3.切入课文，朗读感悟

（1）学习第1自然段，理解：射箭能手。

师：不用箭，只拉弓，大雁就离奇地掉下来了。谁有这个本事？（板书：
不用箭，只拉弓）

生1：更羸。

师：文中有一句话直接介绍了更羸，看谁的眼睛最明亮，最快找到句子！

（学生汇报，课件出示：第1自然段）

师：读读这句话，你读懂了什么？

生2："古时候"，离我们现在有2000多年的时间了。

师：再读读，你还读懂了什么？

生3：更羸是魏国人。

师：这里的魏国是指战国时期的一个国家，和《三国演义》里所写到的魏
国是不同的。谁还有发现？

生1：有名的射箭能手。

师：更羸是射箭能手，说明他射箭特别……（引导学生理解"能手"）

生2：他射箭的本领很高。

生3：他射箭的本领很棒。

生4：他射箭的本领很厉害。

师：有的老师教学特别优秀，叫……

生5：教学能手。

师：种田特棒的，叫……

生6：种田能手。

师：刚才我们看到那位同学写字很好，他就是我们班的……

生齐答：写字能手。

师：谁来读读这句话？

（学生读句子）

师：能不能通过你的朗读，告诉我们他是"射箭能手"？（学生汇报时强调了"射箭能手"）

师：同学们，能读出他是哪国的射箭能手吗？（学生汇报时强调了"魏国"）

师：他可是有名的射箭能手哦，再读。（学生汇报时强调了"有名的射箭能手"）

师：短短的一个句子，大家读懂了这么多的信息，真会学习。

**设计意图：**联系学生的生活实际理解词语、运用词语。初步知道更赢是一位射箭能手，并联系生活实际理解"能手"，既培养了学生进一步学习的兴趣，也有利于学生对文本内容的深入理解。

（2）自读自悟：自由读第2~8自然段，注意读好对话的部分。

师：下面让我们好好认识一下这位射箭能手。请同学们自由朗读第2~8自然段，注意读好对话的部分，看看谁是我们班的读书能手。

（确保学生读得充分，教师巡视）

师：琅琅的读书声真好听，谁来读读第2自然段？

师：大家注意听。好，好在哪儿？如果有不足，该怎样读？

（生读）

师：他读得怎么样？

生1：他读得很大声、很流利。

师：好，谁再来评一评？

生2：他读得很有感情。

师：是啊，朗读这篇文章的时候，我们要特别注意：通过理解不同人物的身份特点，读出不同人物说话的语气。此时，更赢在对谁说话？

生3：魏王。

师：魏王就是魏国的……

生齐答：大王。

师：现在，我就是"魏王"，哪位"更羸"来对我说呢？

（生读书，很自信）

师：真是一位自信的"更羸"，因为他是一位有名的……

生齐答：射箭能手。

师：同学们，跟大王说话，除了自信，态度还应该怎样呢？

生4：有礼貌、尊重的。

师：再请一位"更羸"！

（生读书，读出了更羸说话的语气）

师：真是一位既自信又有礼貌的"更羸"，本大王很喜欢你。

师：再请！（很多学生举手）大家都想试试，那同桌一个当更羸，一个当魏王，试试吧！

（同桌分角色朗读）

师：你能用一句话说说这个自然段讲了什么吗？

学生汇报：更羸和魏王去打猎，更羸说自己能不用箭，只拉弓，就把大雁射下来。

**设计意图**：通过角色扮演，把自己当成更羸，学生对更羸有进一步的认识，并且在朗读的过程中学会了"在朗读时应该读出不同人物说话的语气"，不仅有利于学生对人物形象和故事内容的理解，更有利于学生自主地概括自然段的段意。

师：请同学们读第3～8自然段，在文中找一找是否真的有这一奇怪的事情。注意不同人物的语气。可以同桌分角色读，也可以自己读。

请学生分角色朗读课文：分别扮演魏王、更羸，一位学生进行旁白。

师：哪位同学来给对方同学们的分角色朗读进行评价？

生1：扮演魏王的同学读出了"大吃一惊"的感觉。

生2：当更羸的同学如果能再自信一点就更好了。

师：大家的见解都不错，下面再请一位同学来扮演魏王。

师：哪位同学来评价一下这位"魏王"。

生3：这位"魏王"不但有大吃一惊的感觉，还有疑问的感觉。

师：采访一下这位"魏王"，你能有疑问的感觉，是因为你关注了什么？

生：我关注到了句子中的标点符号。这是疑问句，要读出问的语气。

（教师板书：你有这样的本事？）

师：此时，大家想一想，魏王会有怎样的表情？

生4：不相信这是真的，认为自己听错了。

生5：听错了，不相信。

师：那表情会怎样呢？

生6：皱着眉头，歪着脑袋。

师：现在最后请一位同学扮演魏王，谁来？

（最后这位学生读出了魏王当时的情境，很有味道）

师：此时，魏王心里是一个大大的——

生7：问号！

师：如果我们在读书时能关注提示语和标点符号，就一定能把句子和课文的精要表现出来。

**设计意图**：在指导学生朗读之际，引导学生关注提示语和标点符号，教会学生分角色朗读的方法。

师：这神奇之事果真发生了。

（出示课件：大雁直掉下来）

师：此时魏王的表情是……

生齐答：大吃一惊。

师：你有试过"大吃一惊"吗？想想自己当时的表情、动作。

师：你就是大吃一惊的"魏王"，你会怎样读（课件：只剩魏王说的话）？自己先试一试。

（请三个学生到讲台前汇报读书）

生1："啊！""真有这本事！"（学生的"啊！"声音拖长，大声。"真有这本事！"语气上扬，感觉魏王仍在怀疑）

生2："啊！""真有这本事！"（学生的"啊！"声音短促，几乎没有声音，但嘴巴张得很大。"真有这本事！"平缓的，感觉魏王沉浸在当时的情境中）

生3："啊！""真有这本事！"（学生拍了一下大腿，皱着眉头说"啊！""真有这本事！"语气肯定，佩服，感觉魏王心服口服）

师：你们为什么这样读？

生1：魏王不敢相信大雁真的掉下来了！

生2：魏王当时都目瞪口呆了！

生3：魏王觉得太难以置信了，特别佩服更羸！

师：看来不同的"魏王"有不同的表现，只要我们注意对话中的提示语和标点符号，就能朗读得更好！想当魏王的同学请起立，自己读吧。

（教师板书：将"？"转为"！"）

师：看来更羸真有这本事！

师：这样一位神射手，谁来扮演？

生4：读得有滋有味，特别好！

师：你是一位真正的"更羸"！和大家分享一下读的经验。

生4：我一边读，一边想象自己就是更羸，好像看到更羸当时的情境。

师：对啊！这就是我们经常使用的读书方法：边读边想象画面。

师：在中国的汉字里，一个字能表达多种意思。在这里，"直"字出现了两次，这两个"直"字的意思就不相同，谁来说说你的看法。

生5：第一个"直"字：大雁心里害怕，就一个劲儿地往上飞（手势：逃命），拼命、使劲、用尽全力。

生6：第二个"直"字：大雁是忽然从半空中直掉下来。（手势：垂直）

师：大家看看课文的插图，我们通过理解"直"这个字的含义，将文本中所体会到的意境读出来，边读边想象画面。

生：齐读。（教师在读的过程中点拨了弓所发出"嘣"的一声响，营造了当时的气氛）

### 4.分角色朗读

师：在读更羸的话时，我们要读出更羸的……

生1：自信。

师：还有？

生2：谦虚。

师：和……

生3：礼貌。

师：我们分角色朗读吧！男生做魏王，女生做更羸，老师做旁白。看看男生、女生，谁读得好！

**5.学生分组合作表演**

师：同学们表现得很棒！课文读好了，可以尝试演一演吗？如果表演，我们要做好哪些准备工作呢？

生1：要关注文中每一位人物的特点，注意人物说话的语气。

生2：要尝试将人物说的话记下来！

生3：设计好动作，注意脸上的表情。

师：建议都不错，我们同桌之间尝试演一演！

（学生展示汇报，教师组织评价）

生4：我特别喜欢表演更羸的同学，他不但表现得很有信心，还加上了动作，给我们一种大将之风的感觉。

生5：他们说话的语气符合文中的人物性格。

生6：我特别喜欢"魏王"当时"大吃一惊"的表情。

**（三）回归课文，存疑留趣**

（略）

如何构建深度阅读的课堂，笔者认为，只有教师充分尊重学生的主体地位，教师的教真正为学生的学服务，教师的经验和学生已有的知识经验不断碰撞，师生、生生之间不断互动，促成新的教学智慧，才能达到课堂教学的最佳境界——教学相长。

本课还可以利用的资源：充分营造"射大雁"的情境。教师可以利用自身的朗读优势，配上图片，引导学生想象画面，将学生带入情境中，或许更能体会当时人物的内心世界。

# 《生命　生命》教学设计

## 【设计初衷】

主题教材的编写体例不仅可以作为组合教材的一种方式，也可以作为实施教学的方式，即围绕一定的主题，充分挖掘可以利用的教学资源，灵活运用多种方法和策略，让学生入境，再通过对重点文本的推敲、感悟、反思，使学生感受文本主题的内涵和语言的魅力。在此基础上，引导学生走进广阔的语文天地，进行主题阅读的拓展或者相关的语文实践，丰富学生的积累，开阔学生的视野，从而使学生充分感受到语文的魅力，亲近语文、热爱语文，使母语文化能够渗透到学生的人格中去，成为他们精神成长的养料。

同时，围绕一个主题进行教学设计，学一课带一串，教学内容密度高、容量大、综合性强，既有利于提高课堂教学效率，也有利于新课程标准的落实。

## 【教材分析】

课文开头首先提出问题：生命是什么？下面的内容没有从正面回答，而是从飞蛾求生、砖缝中长出的瓜苗、倾听心跳等几件小事中展示了生命的意义：虽然生命短暂，但是我们可以让有限的生命体现出无限的价值。作者还表达了自己积极进取的人生态度：一定要珍惜生命，决不让它白白流失，使自己活得更加光彩有力。

这篇课文短小精悍，语言简洁朴实，思想含蓄深邃，形象描写与理性思考有机结合，是一篇抒写感悟人生的好文章。选编这篇课文的意图，一是继续引导学生思考人生，感悟生命的意义；二是继续学习联系上下文和生活实际，理解含义深刻的句子。

## 【学情分析】

小学四年级的学生即将进入青少年时期，渐渐地会开始思索自己是什么样的人，应该怎样塑造自己，我从哪里来、又到哪里去的问题，但是他们对生命的认识更多地停留在日常生活中的生命现象和空泛的生命道理这一层面，因此有关生命的话题，学生是渴望了解的，进行生命的思考是学生心灵成长的需要。在教本课时，学生已经学习了本组课文中的《触摸春天》和《永生的眼睛》两篇文章，已经有了对生命的一些认识。源于对《触摸春天》中盲女孩安静的"热爱生活、热爱生命、乐观面对"和《永生的眼睛》中"乐于助人、无私奉献"的感悟，具体到对《生命 生命》一文的阅读来看，第4、5自然段中作者对生命的感悟，文中三个生命个体所展现的生命精神内涵，学生在体会时会因对作者的不了解，对生命话题的认识较粗浅而产生学习困难。因此，课前的预习十分重要。

## 【教学目标】

### 1. 知识与能力

认识5个生字，会写8个生字。正确读写"鼓动、跃动、欲望、冲破、坚硬、不屈、苗壮、沉稳、震撼、糟蹋、短暂、有限、珍惜、听诊器"等词语。正确、流利、有感情地朗读课文，背诵课文，积累好词佳句。

### 2. 过程与方法

读懂课文，理解含义深刻的句子，揣摩其中蕴含的意思。

### 3. 情感态度与价值观

感悟作者对生命的思考，懂得珍爱生命、尊重生命、善待生命，让有限的生命体现出无限的价值。

## 【教学重难点】

本课的重难点是理解三个事例中蕴含的道理。

## 【课前指导】

引导学生收集一些有关人生、生命方面的名言，使学生从中受到生命意义的启迪，为领悟本篇课文的思想内容做好铺垫。

## 【设计理念】

本课语言朴实自然，叙写生动具体，情致淳厚感人。教学设计以"生命宝贵而美好"贯穿整个课堂教学，引导学生多读、多思、多体会，在学习每一个事例的时候，先让学生默读和分析言中之意，感悟言中之理，朗读和表达言中之情，抒发个人胸臆。采取范读、赛读、评读的方式指导学生朗读，读出飞蛾强烈的求生欲，读出瓜苗顽强的生命力，读出作者积极的生命观。在教学中，重朗读、重感悟、重情感、重创新，在听、说、读、写中落实语文工具性与人文性的统一。

## 【教学媒体】

音乐、图片综合多媒体课件。

## 【课时安排】

2课时。

## 【教学过程】

### 第一课时

**（一）激情揭题导入，检查预习情况**

（1）揭题。

（2）质疑（对"生命"的两次使用进行引导设疑）。

（3）初读课文，检查生字新词。

**设计意图**：对课题的质疑，教师没有把学生当成"白纸"，从"零"讲起，而是用"生命"的两次使用来调动学生的阅读期待，让后续的课堂始终充满着探究欲望，促进学生保持较强的阅读期待。

**（二）听文，训练概括能力**

**1. 请同学们边听老师读课文，边在心里思考**

作者列举了哪三个事例，试用一句话概括每个事例的内容。

**2. 板书**

求生的飞蛾　　生长的瓜苗　　律动的心跳

设计意图：阅读教学，要真正实现老师、学生、文章的三者对话，教师的造势非常重要。教师的范读不仅可以激发兴趣、烘托环境，更重要的是可以使学生立刻置身于"磁场"之中，读有所向、学有所思。因为孩子们毕竟学的是语言，就必须用语言来打造课堂。

**（三）切入课文内容，朗读理解感悟**

**1. 自读自悟**

（1）找出自己感触最深的事例，反复品读，圈点批注，体悟文章的含义。

（2）画出自己认为写得最好、最精彩、最能表达作者感情的语句，体会其作用。

设计意图：熟读精思、切己体察，古人读书无不强调主体自悟的重要作用，书要靠自读，语言运用之妙要靠自己去悟，语文基础文化底蕴要靠学生自己去积淀。

**2. 全班交流，直奔重点，品读感悟**

预设：

（1）"但它挣扎着，极力鼓动双翅，我感到一股生命的力量在我手中跃动，那样强烈！那样鲜明！"

（小飞蛾的"挣扎"，是在生命面临着严重威胁时的一种抗争。无论怎样危险，无论能否逃生，它都没有放弃求生的努力。挣扎着的飞蛾让"我"分明感到：凡是生物，都有强烈的求生欲望，都极其珍视自己的生命。小小的昆虫竟能如此，何况人呢）

（"跃动"改为"跳动"行不行？为什么？明确：不行。跳动是一起一伏地动，跃动表达心情急切。用"跃动"更能表达"生之欲望"）

（2）"隔了几天，竟然冒出了一截小瓜苗。"

（"竟然"为什么不能去掉？"竟然"表达了一种意想不到、一种惊喜，若去掉就没有了这种表达效果，也不可以调换为"居然"）

（3）小瓜苗"在没有阳光、没有泥土的砖缝中，不屈地向上，苗壮生长，昂然挺立"，又说"它仅仅活了几天"，前后是否矛盾，为什么？

（小瓜苗在没有生长的条件下，靠瓜子本身的养分，确实能苗壮生长、昂然挺立，然而瓜子的养分仅仅能供养它活几天）

**设计意图：**以学生的自主学习为首，品析当中的好词好句，留给学生充分的自学空间、想象空间、质疑空间，鼓励学生大胆思维、大胆提问，培育学生有创造性学习的勇气、灵气，由被动模仿学习走向主动创新学习，给课堂注入生机与活力。

**（四）存疑留趣**

《生命　生命》中的第二个"生命"指的是什么？

# 第二课时

**（一）复习导入**

（略）

**（二）切入课文内容，朗读理解感悟**

**1. 联系生活，自读自悟**

出示多媒体课件，展示生活中有积极向上一面的动植物图片。

引背"求生的飞蛾、生长的瓜苗、律动的心跳"的片段。

看板书，运用"＿＿＿＿＿的＿＿＿＿＿"概括动植物的图片。

**设计意图：**联系生活进行基本训练，既"导流"又"开源"，既有利于学生生动活泼地主动学习，又有利于学生学以致用，从而训练学生的概括能力。

**2. 全班交流，直奔重点，品读感悟**

"我可以好好地使用它，也可以白白地糟蹋它。"

（"糟蹋"这里是浪费的意思。这句话是作者在静听自己的心脏律动后产生的生命意识：一个人的生命只属于自己，我们必须对自己负责，好好地使用生命，让人生更有意义。作者用"可以……也可以……"，强调的是两种人生态度，前者是负责的态度，后者是不负责的态度）

**设计意图：**长期以来，对于如何理解语文的工具性与人文性一直存在着认识上的分歧。华东师范大学课程与教学研究所教授倪文锦认为，语文学科就是从形式与内容两个侧面发展学生的语文能力，保持"形式训练"与"实质训练"的平衡。工具性与人文性的统一是在实践和训练的过程中体现与把握的。对此，我们以读为本，反复读，读出感情，读出精神，读懂道理，实现工具性与人文性的统一，并且重在探究，鼓励学生质疑问难，在提出问题、解决问题的过程中自主发现，达成工具性与人文性的统一。再者，读写结合，立足文本、感悟文本，在理解与表达中体现工具性与人文性的统一。

**（三）深入阅读文本，整合资源，升华情感**

（1）感受杏林子的一生，引起共鸣。

（2）深究最后一段：质疑—释疑—训练朗读—指导积累。

虽然生命短暂，但是我们却可以让有限的生命体现出无限的价值。

（第一句话中有一对反义词，你能找出来吗？在前边的事例中，"有限的生命"指什么？"无限的价值"指什么？在现实生活中，人的生命中体现的"无限的价值"指什么？生命是短暂的，人生是有限的。但是，我们却可以通过不懈的努力去创造无限的生命价值，使生命穿越时空，成为永恒。这段话表达了作者积极的人生态度）

（3）想象拓展，启迪心灵。（本组课文中的事例，能否引发你对生命的其他思考）

第一点思考：必须对自己负责，好好地使用生命，让人生更有意义。

第二点思考：回答怎样对待生命的短暂，怎样对待生老病死。

第三点思考：将目标、信念付诸行动。要珍惜生命、珍惜时间，不懈努力，为生命奋斗，"勇敢地活下去"。

**设计意图**：此环节如果能深层次地实施，将体现出新课标中语文教育的特点，即语文重在培养学生的语文实践能力。语文与生活的紧密联系促使学生关注生活，体验生活。

**（四）拓展阅读，深化"生命宝贵而美好"**

（1）细细品味了作者对生命的思考，现在让我们再来读读课题，你会带着怎样的语气读？（赞叹、回味、留念……）

（2）推荐书目：汪国真的《热爱生命》，张晓风的《敬畏生命》，蒙田的

《热爱生命》,美国杰克·伦敦的《热爱生命》,美国克伦·沃森的同题文章
《生命 生命》……

**设计意图**:使课堂教学得以有效延伸。对小学生来说,课内学习与课外学习,应当以课内为主,教师必须加强课堂教学,切实上好每一堂课。但是仅仅这样做是不够的,还必须有一定的课外阅读相配合,从而引起学生探求知识的欲望,丰富知识,开阔视野,也有利于学生学得有趣、学得扎实、学得活泼。

**(五)分层布置作业**

背一背:有感情地背诵课文。

读一读:可以读老师推荐的书,也可以读与本组课文主题相关的书籍。

写一写:把学了这篇课文后的感受写下来。

**设计意图**:分层布置开放性作业的设计,有利于调动学生作业的兴趣,激发他们创造的潜能,培养其创新能力。

## 📖 板书设计

生命 生命

《生命 生命》教学流程图

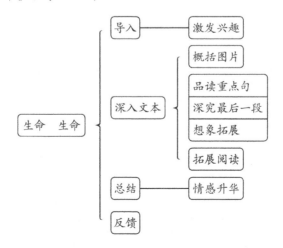

**3**

第三章

---

"品味意境"的深度阅读
教学策略

# "品味意境"的深度阅读教学策略论述

《义务教育语文课程标准（2011年版）》指出：学生是学习和发展的主体，充分发挥学生的主动意识和进取精神，倡导自主、合作、探究的学习方式，有利于学生在感兴趣的自主活动中全面提高语文素养。学习型的语文课堂就为学生提供了一个学会学习的平台。因此，构建深度阅读的语文课堂既体现了课标的精神，又适应了时代发展的需要。基于"研学后教"下深度阅读的教学策略，是一个民主开放的学习过程、是一个全员参与的学习过程、是一个多元互动的学习过程；是以学生合作探究为主要方式，落实学生主体地位，实现自主探索、合作交流的一种课堂教学策略。学生的"地盘"让学生做主，使学生从以被动学习为主转向以自主学习、互助学习为主，将教师讲授为主的"讲堂"变成互助学习的"学堂"，使课堂教学达到教师乐教、学生乐学且能学好的效果。

《渔歌子》是人教版实验教材四年级下册第六单元第22课《古诗词三首》中的一首词。第六单元围绕"走进田园，热爱乡村"这一专题编排，目的在于引导学生通过读文，感受充满诗情画意的田园美景，体验洋溢着泥土气息、自然质朴的乡村生活，并由此产生向往之情，同时引导学生在阅读中抓住景物的特点，体味优美语言，学习表达方法，积累精彩句段。《渔歌子》是《古诗词三首》中的一首词，是体验本单元专题的一个深化和延续。

《渔歌子》的作者是唐代诗人张志和。他既是诗人、词人，又是画家，所以他的笔下是一片诗情画意：远山、白鹭、桃花、流水、鳜鱼、垂钓的渔翁……这画面是那么清新，这色彩是那么明丽，整个天地浸润在蒙蒙烟雨中，宁静而美好。整首词动静结合，意境优美，用词活泼，情趣盎然，生动地表现了渔夫悠闲自在的生活情趣。

王国维在《人间词话》里这样说:"词以境界为最上。有境界则自成高格。"如何引导学生感受张志和"词中有画,画中有词"的表现特点,尤其是感悟"不须归"的境界就成了教学的难点。

对四年级学生来说,他们已经掌握了一定的诗词学习方法。本学期,他们在第一单元学习《忆江南》时已经接触了词这种文学样式,对词的常识也有了初步的了解。但要让学生进一步理解词中的画面和意境以及词人的情感,还需在充分朗读的基础上,借助情境的创设,引导学生进入"词中有画,画中有词"的意境中,抓住词眼"不须归"体会词人的情感。

## 一、渗透学法,自主学习,培养学习能力

在教学中一直渗透古诗词学习的方法:对照注释,了解诗词大意;展开想象,感受诗词意境;查找资料,感悟诗词情感,以培养学生自主学习古诗词的能力。在课前热身时就让学生进行背诵古诗词的比赛,出示《黄鹤楼送孟浩然之广陵》《游山西村》《题西林壁》《送元二使安西》《望洞庭》等已学过的古诗让学生背诵,既营造古诗词学习的氛围,又让学生温故而知新。在上课伊始,让学生回忆这学期学过的一首词《忆江南》,并让学生背诵,再了解"词"这种文学体裁的特点:词与诗不一样,有长有短,所以又叫长短句。词都有词牌名,词牌名规定了词的字数、句数等。再读题"渔歌子",以后谁按这种形式写的词,都可以叫"渔歌子"。在课程中,让学生回忆古诗学习方法,如对照注释了解诗意等,让学生迁移运用到对词的学习中。这些都是基于学生的学习基础,只有把新的知识纳入学生已有的知识体系,让学生自主建构,才能做到真正以生为本。

## 二、充分朗读,创设情境,引领品味意境

诵读是古诗词的生命,在诵读中整体感知,在诵读中进入词境,同时借助多媒体课件,或用语言、或用音乐、或用画面等创设情境,引领学生品味意境。在教学中,先让学生画出词的景物;再配上音乐、老师范读,学生想象说话;最后寻找写色彩的词,联系国画烟雨迷蒙的特色,并通过积累的古诗,进

一步感受到那朦朦胧胧、杏花春雨的江南美景。这样，通过师生互动，借助想象一步步地引导学生进入词的意境之中，突出了教学重点。生生互动也体现得很好，如在学生字词环节，让学生指出难读、难写的字词，再互相提示用什么方法记住这些字词；还有一个教学环节，即小组合作，读懂词义。在这个教学环节中，教师完全放手让学生采取小组合作学习的方式去读懂这首词，再让学生用自己的语言说出这首词的意思，这完全体现了充分朗读，创设情境，引领品味意境。

### 三、发挥想象，拓展资源，深刻领悟情感

《渔歌子》这首词的教学，不仅仅是为了教这首词，还要让学生学会如何读懂词，掌握学习的方法，因为培养学生自主学习的能力是教学追求的终极目标。在教学中，我们利用图片、音乐、范读等多种形式拓展学生的想象空间，通过想象真切地感受诗词背后蕴含的情感。通过介绍词人张志和的相关背景资料，让学生更能体会词人的情感。在课堂上归纳总结这些方法后，让学生自主学习柳宗元的《江雪》，课后再让学生学习苏轼的《惠崇春江晚景》，阅读张志和的其他四首《渔歌子》等，让学生习得诗词学习的方法。在《渔歌子》的教学中，另一个最具语文核心价值的内容就是选取不同的景物表达作者不同的情感，引导学生初步领悟"景由情生"的表达方式。在教学中，先让学生找出景物的词语，再找词中的颜色词，或红或白，或青或绿，最后体会这些景物有什么特点，并找出动静对比的景物。《渔歌子》静中含动，动中含静，动静相济，它是凝固的画，又是流动的歌。作者就是这样通过景物描写来表达自己悠闲自在的生活情趣，从而领悟到这种独特的表达方式。

为进一步提升学生的能力，在课程的最后还设计了一个对比阅读，让学生阅读柳宗元的《江雪》，同在唐代，同是被贬，同在垂钓，但是两个人的心境完全不一样。引导学生明白作者因表达情感的需要，选取的意象不同，张志和因为悠闲自在，选取的是明丽的春景，柳宗元因为孤独悲愤，选取的是寒冷的冬景。也许学生因为年龄幼小不一定理解得很透彻，但这两个截然不同的画面一定在他们的心中永远留存——张志和悠闲自在地泛舟在初唐的那个春天里；柳宗元凄凉独坐，垂钓于中唐的漫天风雪中。

# 《渔歌子》教学设计

——义务教育课程标准实验教科书四年级下册

## 【教学目标】

（1）认识"塞、箬、笠、蓑"等字，读准字音，会写"塞、鹭、笠"。

（2）能正确、流利、有感情地朗读、背诵。

（3）通过读文和想象，由词到画，感受乡村的诗情画意，体会词人的情感。

（4）初步掌握学习古诗词的方法，感受诗词的魅力，激发对古诗词的热爱之情。

## 【教学重难点】

教学重点：通过读文和想象，能由词到画，感受词中的意境。

教学难点：抓住"不须归"，体会词人的情感。

## 【课前准备】

学生准备：学生查阅有关词的资料以及诗人张志和的生平和创作情况。

教师准备：制作本课多媒体课件。

## 【教学过程】

### （一）导入新课，简介作者

**1. 揭示课题**

板书课题，齐读课题，了解"渔歌子"词牌名。

**2. 初识作者**

张志和，唐朝著名的诗人、词人和画家。唐代大书法家颜真卿夸赞张志和的作品"词中有画，画中有词"。

设计意图：了解每首词都有词牌名，"渔歌子"就是这首词的词牌名。简单了解作者张志和，知道他是一位词人、画家，有利于学生对本词的学习，了解词中所描绘的画面、所蕴含的情感。

**（二）初读文本，读懂词义**

**1. 学生自由读词**

自由朗读这首词，把生字词读准，把词读通顺。

**2. 检查生字词语**

（1）出示词语：西塞山、白鹭、鳜鱼、箬笠、蓑衣

（2）指名读，齐读。

（3）重点点拨多音字"塞"，强调"箬"的读音；借助注释理解"箬笠"的意思，并配图认识箬笠、蓑衣等挡雨工具。引导学生从偏旁理解字意，记住字形的方法识记生字。

（4）学习并书写：塞、鹭、笠。

**3. 正确朗读诗词**

（1）指名学生读。

（2）鼓励学生读出词的停顿。

设计意图：学生学习古诗词的第一步就是要把古诗词读正确，只有在读正确的基础上才能理解、感悟。因此，此教学环节放手让学生自由读，并扎实地学习这首词中的生字词。如从注释、插图、形声字的特征等方面让学生记忆并理解"箬笠"一词，认识多音字"塞"，学习、书写"塞、鹭、笠"，把字词教学做得扎实有效。在读正确的基础上要读出词的停顿，要求上有了提高。

**4. 同桌交流**

同桌学习，读词，说词义。不懂的地方做标记。

**5. 汇报**

学生汇报读书成果。

**6. 归纳方法**

方法一：对照注释，了解诗词大意。

**设计意图**：把词读正确、读出节奏还不够，还要让学生知道这首词的大意，只有真正理解了，才会读出自己的情感。因此，此教学环节是让学生采取自主、合作学习的方式去读懂这首词，能够用自己的语言说出这首词的意思。同时教师点拨学习诗词的方法——对照注释，了解诗词大意，以培养学生自主学习的能力，让学生的学习变得更主动、更有效。

**（三）想象画面，进入词境**

**1. 想象画面**

（1）师配乐读，学生听：你仿佛看到了什么？

（2）语言训练：我仿佛看到了……引导学生运用积累的语言描绘词中景物。

（3）指名学生朗读。

**2. 找出景物**

这首词描写了哪些景物？

**3. 寻找色彩**

抓住桃红、鹭白、箬笠青、蓑衣绿等颜色，体会画卷的色彩明丽。

**4. 感悟神韵**

（1）画家张志和在画卷中抹上了一层淡淡的、淡淡的——烟雨迷蒙。这正是中国传统书画中的江南之韵。出示古诗名句，进一步感受江南风景之神韵：南朝四百八十寺，多少楼台烟雨中。——（唐）杜牧；沾衣欲湿杏花雨，吹面不寒杨柳风。——（南宋）志南；水光潋滟晴方好，山色空蒙雨亦奇。——（宋）苏轼。

（2）（出示全词）指名朗读，齐读。

分男女生朗读，感悟词中的生机勃勃、色彩清丽、动静相宜。

（板书：景如画）

（3）归纳学习。

方法二：展开想象，感受诗词意境。

**设计意图**：王国维说："词以境界为最上。有境界则自成高格。"引导学生进入词境，这是教学的重点所在。

**（四）抓住词眼，感悟情感**

**1. 感悟"不须归"**

青山巍巍、白鹭高飞，他说"斜风细雨不须归"；桃花朵朵、鳜鱼肥美，他说"斜风细雨不须归"。从图中你能看出词人沉醉在如画美景中吗？猜测他的心情，感受其怡然自乐。

**2. 理解"不须归"**

（1）从张志和的生平理解"不须归"。出示张志和的生平简介：张志和，今浙江金华人，唐肃宗时为官，后因事贬官归乡隐居，以泛舟垂钓为乐，自号烟波钓徒。

（2）讲小典故，感悟"不须归"。传说张志和钓鱼是去掉鱼饵的，只有一个空空的鱼钩，他钓的哪里是鱼，分明是——（板书：人自在）。

（3）从张志和哥哥张松龄的《和答弟志和渔父歌》理解"不须归"。出示张松龄的《和答弟志和渔父歌》：乐是风波钓是闲，草堂松径已胜攀。太湖水，洞庭山，狂风浪起且须还。

师生对答朗诵张志和及他哥哥的词。

**3. 归纳解读诗词**

方法三：了解作者，感悟诗词情感。

**4. 熟读成诵**

全班配乐背诵。

**设计意图**：古诗词的教学除引导学生进入意境外，还要引导学生体会诗人的情感。"感悟诗情"是古诗词教学的难点。本设计抓住词眼"不须归"，引导学生感悟词人的情感。先引导学生从如诗如画的美景中感悟到词人"流连其间"而"不须归"；再联系词人的生活背景资源，加深学生对诗人张志和的认识，感悟到他厌恶朝廷纷争，喜欢这种自由悠闲生活的心境；最后与他哥哥和词的一和一答中进一步体会词人的恬淡闲适之情。这样环环相扣，引导学生走进词人内心，体会词人的情感。

**（五）欣赏熏陶，迁移运用**

**1. 拓展阅读《江雪》**

千山鸟飞绝，万径人踪灭。孤舟蓑笠翁，独钓寒江雪。

（1）学生根据上面学习古诗的方法自学这首诗。自由读、指名读。

（2）师范读，生说画面。再把诗词读出来。

（3）补充资料，体会这首诗的情感。出示柳宗元的生平介绍：

柳宗元，字子厚，山西人。少年时就有报国大志。他性格刚强，有骨气，为官之后，积极参与政治改革。但是，后来改革失败，他被贬官到偏远荒凉的永州。

学生体会情感朗读这首诗。

（4）《渔歌子》与《江雪》进行对比阅读，让学生发现言语的奥妙：选取不同景物可表达作者不同的情感。

（5）分组朗诵《渔歌子》与《江雪》并进行对比，体会两位诗人同在唐代，同是被贬，同在垂钓，但是两人的心境完全不一样，两首诗的味道也完全不一样。

**设计意图：**培养学生自主学习的能力是教学追求的终极目标，在本课时的教学中，一直在渗透古诗词学习的方法：对照注释，了解诗词大意；展开想象，感受诗词意境；了解作者，感悟诗词情感。让学生掌握这些方法后要加以练习，所以在此环节设计了让学生自学柳宗元的《江雪》，在课堂上给予学生自学的时间，进行学法迁移，以培养学生自主学习的能力。拓展了学习《江雪》这首诗，不仅对比作者抒发的不同情感，还可以进一步引导学生领悟其表达方法：选取不同的景物来表达自己不同的情感。让学生在语文学习中得意、得言、得法。

**2. 选做题**

学生课外阅读《惠崇春江晚景》或其他四首《渔歌子》。

（1）学生课外能用学到的方法独立阅读苏轼的《惠崇春江晚景》。

（2）学生阅读张志和的其他四首《渔歌子》，激发其学习古诗词的兴趣。

**📖 板书设计**

渔歌子

（唐）张志和

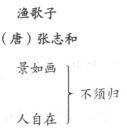

【教学实录】

## 让深度阅读教学"品味意境"
### ——《渔歌子》教学实录

### 1.课前准备

同学们：你们知道老师姓什么吗？（姓唐）

嗯，唐朝的唐！

唐朝最有名的是唐诗，我们一起进行古诗词大比拼吧！

这一首谁会？全班来吧，《咏柳》，起！

我们增加难度，来场飞花令吧！

飞带"春"字的诗词，谁先来！

我们班个个都是小诗人啊！

时间差不多了，我们准备上课吧！

上课！

师：今天我们来学习一首词——《渔歌子》。

每首词都有词牌名，"渔歌子"就是这首词的词牌名。

（指黑板）读。预设（子，是第三声）

师：这首词的作者是张志和，你对他有什么了解？

预设1：（提问一个学生）

预设2：（答不上）哦，对他有点陌生。

师：张志和，不仅是一位诗人，还是一位画家。大书法家颜真卿说他的作品是：词中有画，画中有词。

请大家自由读词，注意读准确、读流利。

遇到生字词可以多读几遍。

### 2.检查生字词语

师：老师考考大家，这些生字认识吗？

（请这列同学开火车读。师用手势请）

他读对了，全班跟读一次。

预设1：有错的话（注意听，他读准了吗）（找旁边的同学）（请你读）。

对了，这个字是读……

注意，箬，是个翘舌音，箬笠，读……

蓑，是个平舌音，蓑衣，读……

师：西塞山的"塞"是个多音字，能说说这个字的其他读音吗？

生：sāi塞车　sè堵塞……

在这儿读sài，西塞山，读……

师：（课件出示词语"箬笠"）什么是箬笠？

生：用竹篾、箬叶编制的斗笠。

师：你很聪明，还会看下面的注释。借助注释来理解古诗词，是一种很好的学习方法。

预设2：（不看注释，是根据形声字的构字规律猜的，也要提到注释）你是怎么猜的？都是竹字头。我们也可以请注释来帮忙。借助注释来理解古诗词，是一种很好的学习方法。

预设3：（学生猜错）还有不同意见吗？提问其他人。因为完全错了。

师：（课件出示箬笠的图片）你们见过吗？箬笠是用竹子编的，所以它们都有竹字头，我们可以利用偏旁揣测它的意思，记住它的字形。

师：（课件出示蓑衣的图片）这是什么？（蓑衣）箬笠和蓑衣都是古时候的挡雨工具。

男同学读。

女同学读。

师：（课件出示"塞、鹭、笠"）这三个字要求我们会书写！这三个字的结构都是（上下结构）。

看看"塞"字，要注意什么？

塞，提示横的间距要均等，捺要写得舒展。

鹭字笔画最多，我们一起举起右手书空。

范写"鹭"字，上下相当，上面是马路的路，写紧凑，（边说边写，写到路的捺时说）捺画舒展，（写到最后一横时说）最后一横往左一点起笔，写长一些。

"笠"字要注意上窄下宽。

请大家在书本的生字下方把这三个字各写一次，开始吧！

注意握笔姿势。（注意：头正、身直、足安）

悄悄问学生姓名，我发现这位同学是我们班的小小书法家，他写的"塞"字特别漂亮！

如果完成了，请同桌互相评价，可以打"星"号。

师：把生字词放回词中，相信你一定能读通顺。（指名学生读，至少2名）

预设1：（正确、通顺、节奏，3~4名学生读）

第一名学生读完后，教师提醒：请注意停顿。谁再来读读？

第二名学生读完后，教师提醒：要注意气短声连。学生再读，教师评价：欸，你看，读出味道了吧？

教师评价：读的时候，稍慢一点。谁来挑战他？

同学们一起再读一读这首词。

### 3. 同桌合作，读懂词义

师：词，不仅要读准、读顺，你理解后，会读得更有味道。请同桌互相说说这首词的意思。开始吧！

汇报：第一行和第二行，谁来说？

西塞山前白鹭在自由地飞翔，江岸桃花盛开，春水初涨，水中鳜鱼肥美。

第三行和第四行，谁来说？

渔翁头戴青色的箬笠，身披绿色的蓑衣，冒着斜风细雨，乐然垂钓，用不着回家。

谁来完整地说？

评价语：你说得真好。

我们可以用自己的话来说完整。

把我们的理解带进去，你会读得更好。谁来试试？

（请一名学生读）你看，有很大进步！

预设1：（假如读得极好，鼓掌）老师给你配上音乐，请你再朗诵一次，请其他同学闭上眼睛，展开想象，你仿佛看到了什么？

预设2：老师也想试试。请同学们闭上眼睛，展开想象，你仿佛看到了什么？（师配乐范读）

预设3：（读得太差了的时候）谁再来试试？好多了，老师也想试试，请同学们闭上眼睛，展开想象，你仿佛看到了什么？（师配乐范读）

请同学们慢慢地张开眼睛，谁来描绘自己看到的画面！

核心点在于抓住"飞、肥"。韵脚。怎样的飞，怎样的肥？

预设：（学生说鱼肥美好吃）这鱼还没上钩呢，正在水里自由自在地游来游去！

是怎样的飞呢？谁再来说说？（高飞、翻飞、自由自在地飞）还有一行白鹭上青天。

老师很喜欢你用到的词语：白鹭自由自在地飞，鳜鱼在快活地游来游去。自由读一读。

谁来读，读出美丽的画面。

飞得还不高（自由），谁再来读。

这鱼儿很快活地游来游去，谁再来读。

注意这两行的最后一个字，飞、肥，它们的韵母都是一样的，读起来朗朗上口，这就是古诗词的押韵。把它读得长一些，就能读出古诗词的韵味。谁来试试？

肥肥的鳜鱼游来游去，多自在啊！谁来读？

讲到粉红粉红的桃花：老师特别欣赏你说到的粉红粉红的桃花，你看到了隐藏的色彩，画面多美啊！

谁再来说，你仿佛看到了什么？

我相信你读得更好。

预设1：（太长时）听老师读，谁来读。

预设2：（特别好时）你的想象很丰富，词汇很优美，相信你也能把这美美的画面描绘出来。

你还听到了什么？

你还闻到了什么？

预设3：（读得好的）三人行，必有我师焉，你都可以当同学们的老师了。大家注意，这两行的最后一个字，飞、肥，你能发现什么奥妙？

（学生说不出的话）飞、肥，你们有发现吗？

看看，它们的韵母都是一样的，读起来朗朗上口，这就是古诗词的押韵。可以把它读得长一些。谁来试试？

（评价语）你还看到了词中隐藏的颜色。你还听到了流水叮咚的声音。

预设4：你看这里，色彩明丽，或青或白，或红或绿，有动有静，多美的春天啊！

画面读，情感读，韵味读。

你还仿佛看到了什么？（学生说画面）

青箬笠、绿蓑衣……

他为什么"不须归"呢？

这里鳜鱼肥美，词人张志和真不愿回去。谁来读？

这里景美，张志和真不愿回去。谁来读？

这里有青箬笠、绿蓑衣，张志和真不愿回去。谁来读？

这首词一共27个字，却有19个字都是写景的。这里果真是如诗如画（板书：景如画），你们最想听谁读？（1人）配乐！

预设：老师读后：青出于蓝而胜于蓝，谁来读？

是啊，这里或青或白，或红或绿，我们的眼前一片明艳。请全体读。

师：这明亮的色彩看久了会让我们觉得刺眼！于是，画家张志和在画卷中抹上了一层淡淡的、淡淡的——烟雨迷蒙。这正是中国传统书画中的江南之韵。

出示古诗句，让学生进一步感受江南风景之神韵。（齐读）

师：这就是江南，杏花春雨的江南，它朦朦胧胧，宛若仙境。（齐读）

师：刚才我们就是展开想象，通过反复朗读，感受到了这首词的意境美。（课件出示学习诗词的方法二：展开想象，感受诗词意境）

**4. 抓住词眼，感悟情感**

青山巍巍，白鹭高飞，张志和说（生接读：斜风细雨不须归）。

桃花朵朵，鳜鱼肥美，张志和说（生接读：斜风细雨不须归）。

（出示张志和垂钓图）

看看插图，谁来猜一猜他此时的心情。

（开心快乐）

**5. 理解"不须归"**

师：词人为什么在这里能感到自由快乐呢？再看一看词人的生平，你或许会有更深的理解。

（课件再次出示张志和的生平简介）

师：张志和曾深得皇帝的器重，但当时，朝廷的纷争如同狂风暴雨，令人紧张不安。

传说张志和钓鱼是不用鱼饵的。

（生很惊奇）

师：他钓的既然不是鱼，那他钓的是什么呢？

钓的是快乐。

钓的是舒心自在。

（板书：人自在）

后来，他的哥哥和词一首《和答弟志和渔父歌》。

谁来读一读？（课件出示：乐是风波钓是闲，草堂松径已胜攀。太湖水，洞庭山，狂风浪起且须还）

师：我们模仿张志和与他哥哥，一唱一和，看我们的心灵是否默契？

师：太湖水，洞庭山，狂风浪起且须还。

生：青箬笠，绿蓑衣，斜风细雨不须归。

师：狂风浪起且须还。

生：斜风细雨不须归。

师：且须还。

生：不须归。

师：我们的唱和非常默契。读到这里，你对"不须归"有自己新的见解吗？

生：我认为"不须归"，不仅仅是景美，斜风细雨时有青箬笠、绿蓑衣，主要是张志和享受这悠闲的田园风光。

生：我认为词人厌倦了朝廷的纷争，喜欢这种很悠闲的生活，所以才"不须归"。

师：是啊！这里的乡村田园风光美，哪怕朝廷再请他，他也不须归！我们通过查找资料，走进了词人的内心，体会到了他的情感，才真正理解了"不须归"

的深刻含义。（课件出示学习诗词的方法三：了解作者，感悟诗词情感）

**6.熟读成诵**

师：《渔歌子》果真是词中有画，画中有词啊！老师配上音乐，大家再自由读几遍，试着背下来。

（指名背，全班配乐背诵）

会背的请起立！现在你就是张志和，请转身面向听课的老师，一起朗诵《渔歌子》！

**7.拓展阅读《江雪》**

师：一位是我们今天学习的钓鱼不用鱼饵，志在山水之间的张志和；另一位是姜太公，姜太公钓鱼——（生接：愿者上钩）；还一位是在冰天雪地中钓鱼，他就是柳宗元。

（课件出示柳宗元的《江雪》：千山鸟飞绝，万径人踪灭。孤舟蓑笠翁，独钓寒江雪）

师：就用我们这节课学到的学习古诗词的方法"对照注释，了解诗词大意；展开想象，感受诗词意境；了解作者，感悟诗词情感"来自学这首诗。

生自学、汇报。

谁来读？指名读。

谁来说说这首诗的意思？指名说意思。

师：读着诗句，头脑里出现画面才高明啊！闭上眼睛，你听。（范读）

师：什么感觉？（凄凉、孤独、孤寂）

我们可以从诗中的哪些字看出这种凄凉、孤独、孤寂的感觉。

来，让我们带着这种感觉、这种味道，读读这首诗。（齐读）

师：是啊，如此凄凉、如此孤独、如此孤寂，读到这里，你有没有什么问题想问柳宗元？

生：柳宗元，你为什么要在冰天雪地里钓鱼啊？

生：柳宗元，你能钓到鱼吗？

生：柳宗元，你是不是太孤单了？

师：你们问得好。我们看看柳宗元的资料，也许你会有答案。（课件出示柳宗元资料）

师：刚才的那些问题有答案了吗？谁来说说？（生说）

师：是啊，报国大志在他少年时就扎根于心中，不曾改变。带着这种情感，一起再来读读《江雪》。（齐读）

师：再考考同学们善于发现的聪明脑袋：《渔歌子》与《江雪》这两首诗的情感不一样，你发现作者选取的景物有什么不同？

生：《渔歌子》选取的是色彩非常美丽的红、绿、白、青等，而《江雪》这首诗只有一种颜色，全是白，绝、灭、独，一切都死气沉沉的。

师：你很善于发现。从这位同学的发言中，你们还有新的发现吗？

生：作者选取的景物不同，表达的情感也不一样。

师：你太优秀了。是啊，选取不同的景物可表达作者不同的情感。张志和是真正厌倦朝廷纷争而寄情山水，自得其乐。而柳宗元却还因政治理想、政治抱负未能施展而感到孤独悲愤，他选取的是寒冷的冬景。也许同学们再去收集柳宗元写《江雪》的背景资料，会理解得更深刻。

师：这两位诗人同在唐代，同是被贬，同在垂钓，同样写乡村田园风光，但是，他们选取了不同的景物，表达的情感也不一样。两个人的心境完全不一样，两首诗的味道也完全不一样。（分组朗诵《渔歌子》与《江雪》，进行对比体会）

请女生读《渔歌子》。

请男生读《江雪》。

# 《桥》教学设计

## 【教材分析】

《桥》这篇课文作者满怀深情地塑造了一位普通老共产党员的光辉形象，面对狂奔而来的洪水，他以自己的威信和沉稳以及果决的指挥，将村民们送上跨越死亡的生命桥。他把生的希望让给别人，把死的危险留给自己，用自己的血肉之躯筑起了一座不朽的桥梁。

## 【学情分析】

五年级学生已经掌握了不少的阅读方法，要在本课教学中更加注重巩固和熟练运用。学生有了一定的收集资料的能力，基本能够把握文章的主要内容，也能抓住文章的重点词语和句子进行深入感悟，体会表达效果，进行有目的的思考，容易受到优秀作品的感染与激励。

## 【教学目标】

（1）通过品读课文词句，结合洪水肆虐的危急情境，逐步深刻感受老汉在危急时刻把生的希望让给别人，把死的危险留给自己的人格与精神，并通过深入朗读课文，得到语感的有效提升。

（2）理解题目《桥》的特殊含义。

（3）在语言情境中，体验生命的意义，促进生命的成长。

## 【教学重难点】

教学重点：练习用较快的速度阅读，通过抓住老支书的外貌、神态、动作、语言的重点语句，揣摩并体会作者把感情写具体的方法。

教学难点：抓住文章中令人感动的句子，体会老支书的性格特点和高贵品质。

## 【教学策略】

自主探究法、品读感悟法、情境教学法。

## 【课时安排】

2课时。

## 【教学过程】

### 第一课时

**（一）情境导入，揭示课题**

（1）多媒体播放1998年抗洪抢险的画面，老师深情地配画外音：这就是1998年的那次百年不遇的洪水之灾中的几幅画面，那次无情的洪水给人们、给国家带来了巨大的灾难。孩子们，看了这几幅画，你想说些什么？

（2）是啊，解放军用他们的胸膛筑起了一堵墙，用他们的肩膀搭起了一座桥！洪水无情人有情，在与洪水的搏斗中，发生了许多感人的故事，也涌现出一个又一个可歌可泣的英雄人物。孩子们，让我们穿越时空，走进那个特殊的黎明，感受灾难突然降临时那惊心动魄的一幕。

（3）板书课题：桥。

**设计意图**：导入创设情境，激发学生的学习兴趣，使之更快地进入课文的学习，也为下文的感悟做好情感铺垫。

**（二）品读感悟，体会情感**

（1）学生自学生字。

（2）检查生词的自学情况。

① 出示六个句子：

黎明的时候，雨突然大了。像泼。像倒。

山洪咆哮着，像一匹受惊的野马，从山谷里狂奔而来，势不可当。

近一米高的洪水已经在路面上跳舞了。

死亡在洪水的狞笑声中逼近。

水渐渐窜上来，放肆地舔着人们的腰。

水，爬上了老汉的胸膛。

学生自己试读—个别读—齐读，边读边想象画面。

② 展示学生的写字情况。

（3）浏览课文，学生汇报：课文讲了一件什么事？

**设计意图：**重视从讲解语言知识和辨析表层意义过渡到深层理解，在学生自读的基础上加强对学生阅读方法的指导。有目的地、逐渐地培养学生的推理和归纳能力，加强学生获取和处理信息的能力。

**（三）体会老汉镇定自若**

**1. 出示自学要求**

请大家默读课文，在这危急关头，老支书的表现如何呢？边读边用横线画出最让你感动的句子，并反复品读。

**2. 汇报，要求**

先读出最让你感动的句子，再说出让你感动的原因。

（1）出示句子："木桥前，没腿深的水里，站着他们的党支部书记，那个全村人都拥戴的老汉。"

"拥戴"是什么意思？从这个词可以想象这位党支部书记平时是怎样的？

（2）出示句子："老汉清瘦的脸上淌着雨水。他不说话，盯着乱哄哄的人们。他像一座山。"

他是一座山，是群众的靠山。让我们全体起立，也稳稳地站着，齐读这句话。

（3）出示句子："老汉沙哑地喊话：'桥窄！排成一队，不要挤！党员排在后边！'"

声音虽然沙哑，却是那样铿锵有力，再读。

（4）出示句子："老汉突然冲上前，从队伍里揪出一个小伙子，吼道：'你还算是个党员吗？排到后面去！'老汉凶得像只豹子。"

谁还有不同的理解？带着你的理解再读。（学生个性化的朗读，读出了生气，读出了批评，读出了命令，读出了威严，读出了不容争辩……）

（5）出示句子："老汉吼道：'少废话，快走。'他用力把小伙子推上木桥。"

雨在不停地下，水在疯狂地涨。突然，那木桥轰的一声塌了，小伙子被洪水吞没了。此时，处在生死关头的那位老父亲张着大嘴，可能会喊些什么呢？

**3. 齐读课文**

让我们牢记这永不磨灭的瞬间——学生再次齐读课题。

**设计意图**：语文课要有"语文味"，"语文味"应建立在教师对文本的深入挖掘之上。让学生有自学的过程，写批注的潜心读书时间，小组交流学习的机会，这样对文本就有了正确深刻的解读，再通过成功的美读和朗读指导以及对文本语言的赏析品味、反复咀嚼，便能让学生真正地与文本对话，走进作者的内心世界，从而创造出真正有"语文味"的有效课堂。

**（四）理解题目，升华情感**

**1. 这是一座普通的桥吗？它是一座怎样的桥？**

它是一座生命之桥！

是老汉用自己的血肉之躯筑起的永不坍塌的桥！

是人们心中的桥！

他又是一座山，是群众的靠山，父爱如山！

**2. 研学反馈（独立完成，小组展示）**

面对牺牲的老人、儿子，面对失去亲人的老太太，面对被解救的人们，你们一定有很多话要说。请拿起手中的笔写下你们的哀思、宽慰及希望吧！

**设计意图**：让学生在理解课文内容的基础上，充分调动其体验进行语言训练，使学生的感悟内化为语言，实现了对语言的积累与运用，锻炼了学生的语言表达能力。

## 第二课时（略）

教学要点：

（1）品读写老支书儿子的语句，给课文的空白处补白。

（2）探究问题：作者为什么要到结尾才点明"老汉"和"小伙子"的关系？你认为这样安排结构有什么好处？

### 板书设计

桥

洪水　　　如魔

老汉　　　如山

4

第四章

"融合技术"的深度阅读
教学策略

# "融合技术"的深度阅读教学策略论述

教育需要提升教学的技术，教学技术的提升在于达到高质量的教学效果；教育需要教学的创新，教学创新的价值在于不断寻求探索教学方法促进学生思维的发展；教育需要梦想，梦想的真谛在于成长。我们在教育教学信息化融合创新应用时关注升级教学技术，注重培养学生的思维素养。在语文教学中，创设情境是非常有必要的，我们可以通过运用101PPT及微课创设情境；高效的课堂在于能让学生当堂检测、当堂反馈，我们可以通过运用互动反馈系统及时评价；教会学生思考的方法，并能达到举一反三，我们可以通过运用信息化融合来提升学生思维素养则显得至关重要。

笔者以统编版教材语文三年级上册第七单元第21课《大自然的声音》为例，抓住语文要素"感受课文生动的语言，积累喜欢的语句"和"留心生活，把自己的想法记录下来"，通过升级教学技术，进行思维素养的提升，从而达到在迁移运用中进一步理解课文的内容，提高运用语言文字的能力。

## 一、运用101PPT及微课创设情境

《大自然的声音》一课的笔调既清新又活泼，还具有想象丰富的特点，通过介绍大自然中风、水和动物的声音，将描绘的声音变成了各种美妙生动的乐曲。三年级学生对声音是有一定认识的，因此对本课的学习有一定的基础。学生对围绕一个意思写的段落已有初步的把握大意的能力。因此，在课堂上要调动学生学习的积极性，唤醒对旧知的认识，学习新的知识，并联系生活实际，初步感受声音的美妙。

运用101PPT中播放含动物叫声的音乐，请同学们闭上眼睛，静心欣赏大自

然的神奇礼物。通过让同学们汇报"你听到了什么"揭示课题，展示图片，导入新课。同学们听着101PPT播放的音乐，听着音乐中来自大自然的声音，激发了学习的兴趣。课堂良好的开端、情境的创设为学习语文增添了趣味，调动了同学们视觉、听觉的感官，促进学生多感官的学习。

在学习"当微风拂过，那声音轻轻柔柔的，好像呢喃细语，让人感受到大自然的温柔；当狂风吹起，整座森林都激动起来，合奏出一首雄壮的乐曲，那声音充满力量，令人感受到大自然的威力"这一部分的时候，插入微课小视频，通过画面直观地让学生感受风的不一样。在微课中，同学们感受到了微风，想象画面，理解"呢喃细语"；感受到了狂风，想象画面，理解"充满力量""雄伟的乐曲"。最后让同学们联系生活，说话练习："……的声音……，好像……一样。"只有将信息化融合创新应用作为一种辅助学生学习的方法，融入学生合作探究的学习方式，以达到发现、探究、认识社会的目的，才能真正做到不搞形式主义，用技术实施创新，用教育成就梦想，扎扎实实教语文。

## 二、运用互动反馈系统及时评价

例如，在《大自然的声音》教学中，学生要掌握好多音字"呢"，我们通过互动反馈系统设置好选项，由学生操作智慧学习卡选择正确的读音。此时，运用互动反馈系统当堂检测"呢"的用法，可以迅速掌握学情并进行教学调整。我们从汇报课这一环节互动反馈系统的实时统计得出，正确率达到97.8%，课中及时发现出错的学生，立即进行纠正，大大提升了教学效益。

又如，在《大自然的声音》教学中，引导学生回顾课文中的生动语句，如拟声词、描写声音的词语，运用互动反馈系统进行抢答，尝试在小练笔中运用。学生走进了文本："当他翻动树叶，树叶便像歌手一样，唱出各种不同的歌曲。不一样的树叶，有不一样的声音；不一样的季节，有不一样的音乐"。再想象画面，从而体会大自然的美妙。学生在读中去感悟语言的精妙、积累好的语言，在文本的学习中落实互动探究学习和语言文字训练的有机结合。互动反馈系统的抢答功能有效地促进学生积极主动地进行学习，形成你追我赶的学习氛围。

### 三、运用信息化融合培养思维素养

在小学语文教学中，我们可以根据文本设计相关练笔，联系学生的生活实际，启发学生的思维，让学生以写为中心，表达自己的所思所想，进而引导学生热爱生活，乐于表达。运用信息化融合能较好地为学生创设情境，提供练笔及习作素材等，主要实施策略如下。

创设情境，启迪思维。一方面，信息化融合能为学生提供丰富的图、文、声、像等素材，为学生创设生动的练笔以及习作情境；另一方面，学生也可以利用信息化融合，将网页搜索、手机拍照、录像等功能灵活运用，从而丰富练笔及习作材料，让学生有话可说、有话可写。如在《大自然的声音》教学中，我们设计了说话练习："……的声音……，好像……一样。"通过情境创设，启迪学生思维，让学生联系生活说出的句子更有生活气息。

展示作品，提升水平。学生既可以通过信息化融合进行习作的撰写并在讨论区展示作品，也可以通过拍照将纸质的习作上传，不仅能便捷地学习佳作，还能把自己的习作展示到所有同学面前。如在《大自然的声音》教学中，我们让学生进行当堂小练笔，学生将自己的习作进行上传展示，通过作品的交流，进一步提升学生的小练笔水平，同时思维也得到了进一步的发展。

多元互助，多元评价。师生利用信息化融合能对作文进行多元评价，从批改者来看，可以是教师批改，可以是学生互评互改，家长也可以参与批改，发至朋友圈进行投票等。信息化融合对学生的习作做了多元评价，促进学生思维素养的形成。如在《大自然的声音》教学中，学生在课后对小练笔进行二次完善修改，通过多元评价得到启发，遣词造句能力又有了质的飞跃，学生在一次又一次的评价中进步，在一次又一次的激励中获得成功。

信息化融合课堂，实现教学流程的逆序创新，转变教师和学生的教与学方式，我们依据目标进行教学，通过信息化融合促进目标的达成，根据小学语文教学的特点，充分营造适合的氛围，运用101PPT及微课达成情境渲染；运用互动反馈系统作为课堂的辅助手段及时进行反馈与调控；运用信息化融合升级教学技术，进行思维素养的培养，最终促进学生语文素养的整体提升。

**参考文献**

［1］格兰特·威金斯，杰伊·麦克泰格.追求理解的教学设计第二版［M］.
上海：华东师范大学出版社，2017.

［2］周益民.儿童的阅读与为了儿童的阅读［M］.长春：长春出版社，
2009.

［3］缪春梅.阅读教学中促进学生思维素养提升策略例谈［J］.语文教学通
讯·D刊（学术刊），2020，1102（6）：42–44.

# 《大自然的声音》教学设计

## ——统编版教材三年级上册

## 【教材分析】

　　《大自然的声音》是统编版教材语文三年级上册第七单元第一篇课文。本单元按照"人文主题"和"语文要素"双线编排。人文主题是"我与自然"，编排的三篇文章蕴含了人与自然和谐相处的美好情感。本课放在第一课是要引导学生走进大自然，通过对自然界各种声音的生动描写，表现了用心体验大自然的妙趣，为下文的学习做好情感铺垫。本单元从读写两个方面提示了语文要素：一是感受课文生动的语言，积累喜欢的语句；二是留心生活，把自己的想法记录下来。

　　课文以清新活泼的笔调、丰富的想象，介绍了大自然中风的声音、水的声音和动物的声音，并把它们发出的声音描绘成各种美妙动听的乐曲。文章第1自然段概括说明"大自然有许多美妙的声音"，作为文章的总起。第2、3、4自然段均以总分的方式构段，用拟人的手法介绍风、水、动物。文章结构严谨，有助于进一步巩固第六单元的学习重点"借助关键句理解一段话的意思"。课后的图表填写更是提示学生学习利用关键句概括课文的主要内容。

　　文章用生动的语言，把人们习以为常的声音写得丰富鲜活、妙趣横生。要引导学生学会联系生活经验，想象画面，进而感受声音的美妙、语言的生动、人与自然的和谐。

## 【教学目标】

（1）认识"妙、奏"等7个字及相关的词语，读准多音字"呢"，会写"演、奏、琴"等13个字、22个词语。

（2）能正确、流利、有感情地朗读课文，背诵第2、3自然段。学习运用关键句和图表，理解课文的主要内容。

（3）能联系生活经验，想象画面，体会课文中描写声音的词语的生动，感受大自然声音的美妙；仿照课文，围绕一种声音写几句话。

## 【教学重难点】

教学重点：有感情地朗读课文，学习运用关键句和图表，理解课文的主要内容。

教学难点：能联系生活经验，想象画面，感受大自然声音的美妙。

## 【教学准备】

学生：预习本课生字，读熟课文。

教师：研学案，教学课件。

## 【教学过程】

### 第一课时

**板块一：音乐欣赏，感受声之韵**

**1. 播放含动物叫声的音乐**

请学生闭上眼睛，静心欣赏大自然的神奇礼物。你听到了什么？

**2. 汇报，揭示课题，导入新课**

学生汇报自己的感受，教师揭示本节课的课题，展示本节课的课件内容。

**设计意图**：运用多媒体播放音乐，在音乐中插入来自大自然的声音，激发学生学习的兴趣。

**板块二：学习生字，厘清文之脉**

（1）自由读文，要求读准字音，读通句子。找出课文写了大自然的哪些声音。

（2）检查认读生字。

（3）读准多音字"呢"，当堂检测。

（4）写字：演、奏、琴……

（5）学习找关键句和借助图表理解课文的主要内容。（找出关键句、巧妙连接，概括主要内容）

**设计意图**：运用互动反馈系统当堂检测"呢"的用法，通过自我评价激励学生写好字，运用101PPT的图片载入，及时有效地进行展示。充分使用新技术支持课堂教学。

**板块三：入情入境，品味风之曲**

（1）默读第2自然段，体会风声音美妙的词句。

（2）研学后，四人小组交流。

（3）汇报交流，师点拨。

◇当他翻动树叶……有不一样的音乐。

（1）指名汇报，说说你从哪些词句感受到风声音的美妙。

（2）体会"翻动"用词精妙，联系生活经验，想象画面，感受风声音的美妙。

（3）指名读、齐读。

◇当微风拂过……令人感受到大自然的威力。

（1）感受微风，想象画面，理解"呢喃细语"，指导朗读。

（2）感受狂风，想象画面，理解"充满力量""雄伟的乐曲"，指导朗读。

（3）联系生活，播放视频，男女生合作读。

（4）说话练习："……的声音……，好像……一样。"

（5）引导积累和摘抄，尝试背诵。

**设计意图**：插入微课小视频，通过画面直观地让学生感受风的不一样；借助贝壳，让学生亲身感受呢喃细语的温柔；运用互动反馈系统进行抢答以及自我评价，有效调动学生学习的积极性，提升教学的效果。

**板块四：课堂小结，畅谈学之乐**

回顾课文，引导细心倾听，留心观察生活，为小练笔做准备。

**课后作业：**

（1）摘抄本课的优美词语。

（2）课后实践：留心观察生活，收集大自然美妙的声音。

📖 **板书设计**

**大自然的声音**

美妙

风　　水　　动物

## 第二课时

**教学要点：**

（1）教学第3、4自然段，总结全文。

（2）当堂小练笔。

（3）阅读链接。

附：

统编版教材三年级上册

《大自然的声音》研学案（第一课时）

班级：_____　姓名：_____

**研学过程**

**1. 我能读准确**

miào　　　zòu　　ní　nán　　　wěi

美 妙　演 奏　呢 喃　雄 伟

jī　huì　　　　　zhā

打 击　汇 聚　叽 叽 喳 喳

**2. 我能写漂亮**

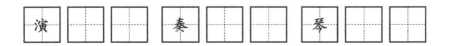

3.研学问题

（1）完成第89页：填一填，再说一说课文写了大自然的哪些声音。

（2）默读第2自然段，哪些词句让你体会到"风美妙的声音"。用自己喜欢的符号标画出来，研学后在四人小组内交流。

◆ 课堂评价

这节课你的表现能得到几颗星？（请填涂）

**课堂评价表**

| 自我感觉 | | | 小组评价 | | | 教师鉴定 |
|---|---|---|---|---|---|---|
| 积极性 | 注意力 | 学习效果 | 学习态度 | 参与讨论 | 课堂展示 | |
| ☆☆☆☆☆ | ☆☆☆☆☆ | ☆☆☆☆☆ | ☆☆☆☆☆ | ☆☆☆☆☆ | ☆☆☆☆☆ | |

# 《松鼠》教学设计

## ——小学语文人教课标版五年级上册

## 【教材分析】

打开课本，一只漂亮、乖巧、驯良、可爱的小松鼠向我们走来。它那漂亮的外貌、驯良的习性和乖巧的行为清晰地定格在我们的脑海中。我们在喜爱小松鼠的同时，不能不叹服作者细致的观察、生动传神的描写及准确而简练的说明。

课文第1自然段首先从总体入手，介绍松鼠是一种漂亮的小动物，乖巧、驯良，很讨人喜欢。接着从面容、眼睛、身体、四肢、尾巴、吃食和姿势几个方面具体来写松鼠漂亮的外形特征。第2自然段从松鼠的活动范围——树上（不侵犯人类）、活动时间——夜晚（不骚扰人类）两个方面着重介绍了其性格特征——驯良。第3、4自然段侧重写了松鼠的行为特征——乖巧。一是从它横渡溪流时的情境来表现它的智慧；二是从"有人触动大树"时的反应来表现它的警觉；三是从储备食物过冬来表现它的聪明；四是从蹦跳的动作来表现它的轻快；五是从不高兴时发出的恨恨声来表现它丰富的感情。作者还列举了松鼠搭窝的经过，从选址、建造、居住及窝口的特点等方面来表现它的聪明、勤快，进一步突出了它的乖巧。最后在第5自然段补充介绍了松鼠的生育情况，何时换毛及喜欢洁净的生活习性。

## 【教学目标】

（1）认识11个生字。正确读记"乖巧、驯良、清秀、矫健、机警、玲珑、躲藏、追逐、强烈、溪流、警觉、触动、锐利、错杂、狭窄、勉强、遮蔽"等词语。

（2）朗读课文，了解松鼠的习性特点，激发学生热爱自然、保护动物的人文情怀。

（3）感受课文中准确的说明和生动、形象、细致的描写，积累语言。

（4）能用较准确、生动的文字对某一种动物的特点进行说明。

## 【教学重难点】

探究本文与《鲸》在表达上的异同。

## 【课前指导】

学生预习：收集相关资料，了解作者和松鼠的有关知识，组织学生观看有关松鼠的影片，丰富学生对松鼠的认识。

## 【教学准备】

音乐、图片综合多媒体课件。

## 【课时安排】

2课时。

## 【教学过程】

**（一）课前一分钟：《我在美国与松鼠的约会》**

（1）学生说话练习：介绍"我"在美国的所见所感。

（2）学生互助评价。

**设计意图**：课前一分钟，有效整合零散的时间，调动学生已有的旧知，以轻松愉悦的学习氛围激发学生的学习动机，进行生动活泼的教学。

**（二）自主阅读：训练概括能力**

（1）认真读阅读提示，明确阅读任务。

（2）读熟课文，整体感知课文内容。

第四章
"融合技术"的深度阅读教学策略

（3）运用因素分析法，概括课文大意。

**（三）比较阅读：探究本文与《鲸》在表达上的异同**

**1. 共同发现相同点**

准确性说明。

**设计意图**：联系学生的阅读实践体会说明文的特点。

**2. 合作探究不同点**

（1）从说明的角度来看：《鲸》侧重介绍鲸的形体特点和生活习性，而本文侧重介绍松鼠的外貌、性格和行动。

（2）从表达的方法来看：《鲸》运用了列数字、举例子、打比方、作比较等说明方法，而本文主要采用比喻、拟人手法生动形象地说明事物。

（3）从语言风格来看：《鲸》的语言精练平实，而本文的语言生动传神，极具文学色彩。

**3. 全班交流**

画出自己最喜欢的句段，说一说原因。

（1）它们面容清秀，眼睛闪闪发光，身体矫健，四肢轻快，非常敏捷，非常机警。玲珑的小面孔，衬上一条帽缨形的美丽尾巴，显得格外漂亮。尾巴老是翘起来，一直翘到头上，自己就躲在尾巴底下歇凉。

这段话很像文学作品中的肖像描写。一般"清秀"极少用来形容动物，都是形容人，且多半也只形容青年男女，现在拿来形容松鼠的面容，加上"闪闪发光"的眼睛，把松鼠写得非常惹人喜爱。特别是写尾巴时，更加细致生动：先写其形状，把它比作"帽缨"，给人以联想和美感，表现出松鼠尾巴的美丽；再写具体功能，能"一直翘到头上"，"自己就躲在尾巴底下歇凉"，表现出了松鼠形体的奇特之处。

（2）有人说，松鼠横渡溪流的时候，用一块树皮当作船，用自己的尾巴当作帆和舵。

"横渡"是指从河的这一边到那一边。这句话介绍了松鼠横渡溪流的方法，两个"当作"写出了松鼠不仅知道以树皮为船，还会用尾巴"扬帆""使舵"，乖巧不言而喻。

（3）它们是十分警觉的，只要有人触动一下松鼠所在的大树，它们就从树上的窝里跑出来躲到树枝底下，或者逃到别的树上去。

这句话用"只要……就……"这一句式来表现松鼠灵敏的反应与动作。作者用了三个动词"跑""躲""逃"来表现松鼠对于微小危险的快速应变能力，从而更显示出它"十分警觉"的天性，由此表现出它的"乖巧"。

**（四）改写练习：迁移运用语言**

（1）虎鲸属于齿鲸类，是鲸类中较小的一种。它最大全长不过10米，体重7～8吨。游泳时，雄鲸高达1.8米的背鳍突出于水面上。虎鲸的口很大，上下颌各有二十几枚10～13厘米长的锐利牙齿。虎鲸身体强壮，行动敏捷，每小时的速度达55公里。（请借助形象化手法动笔写一写）

（2）请看下图，借助一般性说明文的表达方法动笔写一写。

松鼠体重约380克，体长20～28厘米，尾长16～24厘米

**设计意图**：注重引导阅读，阅读能力是一种综合能力，理解、感觉、体验、察悟，包括语感，主要靠大量阅读去涵泳，逐步习得。在阅读后，通过改写练习，目的是更好地体现素质教育的精神，丰富语文课程的价值追求，促进学生在语文知识、能力、情感态度和思想观念等多方面的和谐发展。

## 📖 板书设计

略。

附：

**《松鼠》研学案**

年级：五年级　　　　学科：语文　　　　学生姓名：

执笔人：唐滔　　　　审核：语文科组　　　时间：

老师寄语：细心观察，用心积累。

一、研学导航

1. 研学目标

（1）通过自主学习，能正确、流利、有感情地朗读课文。

（2）通过自主学习、小组合作学习，能抓住重点词句了解松鼠的习性特点。

（3）通过课堂交流、分享，能感受课文中准确的说明和生动、形象、细致的描写，积累语言；能用比较准确、生动的文字对某一种动物的特点进行说明。

2. 研学重点

通过抓重点词句，探究本文与《鲸》在表达上的异同，感受课文中准确的说明和生动、形象、细致的描写，积累语言。

3. 研学难点

能用比较准确、生动的文字对某一种动物的特点进行说明。

4. 研学背景

（1）布封（1707—1788），18世纪法国著名的博物学家、作家。少年时期就爱好自然科学，特别是数学。大学法律本科毕业后，又学了两年医学。后游历了法国南方、瑞士和意大利。毕生从事博物学研究，每天埋头著述，四十年如一日，终于写出了36卷的巨著《自然史》。这部著作包括地球史、人类史、动物史、鸟类史和矿物史几大部分，综合了无数的事实材料，对自然界做了精确、详细、科学的描述和解释，提出许多有价值的创见，并开创了现代地质学的先河，尤其在物种起源方面，指出物种因环境、气候、营养的影响而变异。达尔文称他是"现代以科学眼光对待这个问题的第一人"。《自然史》的文学价值也很高，其中关于动物活动形态的描绘尤其富于艺术性。作者以科学的观察为基础，用形象的语言勾画出了各种动物的一幅幅肖像。1777年，法国政府在御花园里为他建立了一座铜像，座上用拉丁文写着："献给和大自然一样伟大的天才。"

（2）文艺性说明文，又称科学小品，其特点是运用文学手法具体生动地向读者介绍说明对象。它的主要表达方式是描写性说明，是描写与说明的巧妙结合。这种融合与记叙文的描写有明显区别。记叙文运用描写，目的是再现事物形象，把人物与事件刻画得具体生动，从而表现文章的主题；说明文运用描写，目的是进行生动说明，它只是在介绍说明对象的过程中，借助某些形象化手法（如比喻、拟人）对事物的特点做一些形象化描写，从而起到具体说明事物的作用。文艺性说明文不论采用什么样的形象化描写手段，都要以准确性为前提，本文就是一篇说明的准确性与描写的形象性完美结合的范例。

5. 学法指导

运用因素分析法，概括课文大意，抓住关键词句，探究本文与《鲸》在表达上的异同。

6. 学习路线图

二、研学过程

1. 课前研学（自主学习）

任务一：能正确、流利、有感情地朗读课文。

任务二：运用因素分析法，概括课文大意。

2. 问题探究（自主学习+小组合作）

围绕课文导读，质疑，生成研学问题：_____

请你再细细地读课文，静静地思考，找出有关词句做简单批注，然后在小组里交流。

_____

_____

_____

3. 研学拓展（改写练习：二选一）

（1）虎鲸属于齿鲸类，是鲸类中较小的一种。它最大全长不过10米，体重7～8吨。游泳时，雄鲸高达1.8米的背鳍突出于水面上。虎鲸的口很大，上下颌各有二十几枚10～13厘米长的锐利牙齿。虎鲸身体强壮，行动敏捷，每小时的速度达55公里。（请借助形象化手法动笔写一写）

（2）请看下图，借助一般性说明文的表达方法动笔写一写。

松鼠体重约380克，体长20～28厘米，尾长16～24厘米

**4. 研学巩固（自主学习+小组合作）**

必做题：

课后阅读《自然史》，深入了解更多布封笔下的动物。

选做题：

（1）将课文《鲸》仿照本文的表达方法进行改写。（改写后小组交流）

（2）将本文仿照《鲸》的表达方法改写成一般性说明文。（改写后小组
交流）

**三、研学评价**

评价提示：A.真棒，B.良好，C.加油。

研学评价

| 学习过程 | 自我评价 | 小组评价 |
| --- | --- | --- |
| 1.认真完成课前研学 | | |
| 2.积极参与小组讨论 | | |
| 3.耐心倾听同学发言 | | |
| 4.乐意分享学习成果 | | |
| 需改进的地方 | | |

**5**

第五章

"以写为中心"的深度阅读
教学策略

# "以写为中心"的深度阅读教学策略论述

《义务教育语文课程标准（2011年版）》指出：写作能力是学生语文素养的综合体现。语文教育专家潘新和先生提出：写作能力的培养是语文教育的根本。语文教育中的阅读不同于生活中的阅读，在语文课堂里，阅读本身不是目的，而是提高言语表现素养、写作素养的手段与过程。由此可见，深度阅读教学的核心指向是"写作"。

平时许多教师有这样一种观念，即阅读课就是分析解读课文、弄懂课文，所以在阅读教学中一直深陷于比较烦琐的内容分析和细嚼慢咽上，并没有很好地体现小学义务教育课程标准实验教材"读写合编"的思想。因而导致学生学了很多优美的文章，读懂了很多深刻的道理，知道了很多问题的答案，但依然不会作文。

小学语文教学的重心应从内容的理解上走出来，学生读懂课文的基本意思后，要带领学生去搞明白，文本的意思是如何随着语言的铺展表现出来的。结合阅读进行习作练习，将听、说、读、写语文活动有机地融为一体，是许多国家母语课的基本教学模式。我国许多语文教师也十分赞同这样的做法，提倡读写结合，在阅读中适时地安排写作练习，这完全符合语文教学规律。

小学语文以写为中心的深度阅读教学策略是从"以写作为中心的阅读"出发，体现了"和内容分析式的阅读教学说再见"的课程改革方针。从教学观念到方法、策略进行改革创新，实现了深度阅读教学的华丽转身。在知识目标方面，重视可示范性文本的积累。在情感目标方面，通过阅读可示范性文本提高学生对美的体悟能力及表现能力，从中产生写作需要，表达自己对生活的独特见解，逃离过去那种脱离了学生的自我需要，脱离了他内心真实的感受、理解和情感，造成学生真正想说的话找不到语言来表达，不想说的他却能说出来，甚至可能说得头头是道，但往往是"空话、套话、假话"。在能力目标方面，注重培养学生的阅读理解能力及写作能力，并且争取通过模仿可示范性文本找到写作技巧，切实提高写作能力。

## 一、着眼于文体感、语境感、语感进行读写训练

语文教学的一个重要目标和任务就是学生读写的文体感、语境感、语感的迅速有效的达成。语文与生活同在。教师一要研究教材，二要研究学生，做到胸中有书，目中有人。要把学生思维的时间、空间还给学生，让学生自主学习，因为语言文字中蕴含的语音感、语义感、语境感不是教师能够全部讲出来的。

### 1. 文体感

文体感是指对（某一种）文章的敏感。小学生年龄较小，所读的文章不多，因此文体感的培养可以缓一缓，到了一定的时候，他们对文体产生了兴趣，再适时地加以引导即可。

### 2. 语境感的意义

语境感是指对特定时空具体文本的特定内容、形式和意图的敏感，是对语篇的综合整体的感受、理解和判断。

语境总是隐藏在语言的背后，而在语言形式中总能找到它的蛛丝马迹。小学中、高年级学生的思维方式是由具体形象思维向初步抽象逻辑思维发展的。教材中的理性因素逐渐增多，语言中表现出一定的概括性、逻辑性。这些抽象性语言往往是体会语境的语迹。在阅读教学中，应善于寻找语迹，体会语境，体会文章的意蕴，培养对抽象性语言的意蕴感，启迪心智。

如在《鲁滨孙漂流记》中，可以在语境中开启心智。在熟读课文的基础上，适时引入原著片段，既引发学生面对绝境时的生存思考，同时又点燃学生想读整本书的欲望。在学生听了原著对"鲁滨孙遭遇绝境"的描述后，再引导学生设身处地地想一想，并以"如果当我独自一人置身于荒岛之上，叫天天不应，叫地地不灵时，我会……"为开头，在笔记本上写一段话。当时的课堂中，学生们屏息凝思，俨然置身于一个生命的磁场，从学生们奋笔疾书的沙沙

声里让人清晰地感觉到生命拔节的声音。几分钟后，小脑袋一个一个地先后抬起，嘤嘤嗡嗡的声音在小组内逐渐扩散成生命意识的交流。交流完毕，一张张红扑扑的小脸迫不及待地等待着全班展示。创设具体的语境，让学生"练笔悟生存"，开启学生们面对恶劣环境的求生心智，点燃他们与环境抗争的勇气，也让他们切身领悟面对绝境的诸多无奈，进而感受生命的可贵和对眼下幸福的珍视。

### 3. 语感是文体感、语境感的外化

"语感"是语文课程标准中的一个关键词，课程的基本理念对语感做了深刻阐述，朗读、默读的评价也把它置于突出位置。

当把语感教学放在首位，语文课的味儿才会浓，学生的语文素养才会得到提高。在语文教学中，教师应根据教材特点和理解语言文字的需要，充分利用和挖掘文本资源，立足语感训练，通过引导学生朗读吟诵、揣摩比较，启发学生的联想和想象等途径，把学生带入课文所描绘的境界，充分感知和领略课文，促进他们对语言文字由表及里的消化吸收。

以《圆明园的毁灭》为例，为了让学生正确使用语言，提高语感的敏锐性，在学生的情感受到巨大震撼时，可相机设计练笔：同学们，面对这一片废墟，你心里有何感受呢？你想说什么呢？把你想到的写下来。同时播放音乐，渲染情境。此时的练笔，可使学生情感的积聚得以爆发，振兴中华的责任感得到升华，同时语感的敏锐性得到提高。语感训练是一项长期的具有时代意义的教学任务，需要教师时时留心与关注。唯有如此，以写为中心的阅读教学才能真正提高效率。

## 二、用"写"驱动"读"实现深度阅读教学的高效

用"写"驱动"读"，自然是以"写"为目的，以引导学生进行定向阅读和扩展阅读为终极目标；用"写"驱动"读"，也是引导学生由课内学习延伸到课外学习，变被动学习为主动学习，将内心冥想转化为真实体验，从而让学生真正活起来、动起来的有效手段。教学应从诱发和激起求知欲开始，从引导学生做好学习的心理准备开始。多读是读懂的保证，通过多读才能走进文本、走进作者、走进人物和情感。用有趣味、有挑战性的写作任务驱动学生认真读

书——给学生一个读书的理由；变换叙事主体，以不同人物视角来叙述故事，是读者走进作品人物内心世界的有效途径，便于和人物做倾心的交流，这种交流就是要彰显课程标准所说的语文学科的人文性。

### 1. 以写作任务驱动学生阅读课文

写能使阅读时不明晰的变得明晰，能使思维精密化、感受语词化、思想条理化。

新课标提出："阅读是学生的个性化行为，应引导学生钻研文本，在主动积极的思维和情感活动中，加深理解和体验，有所感悟和思考，受到情感熏陶，获得思想启迪，享受审美乐趣。要珍视学生独特的感受、体验和理解。不应完全以教师的分析来代替学生的阅读实践，也要防止用集体讨论代替个人阅读，或远离文本进行过度发挥。"无论思考讨论什么问题，都要立足于自读，自己产生问题，引起思考。因此，在课堂教学伊始可以提出写体会等任务进行驱动，从小培养他们独立思考的能力。对人物的心理有了更深的了解后，再让学生读课文，才能让每名学生都读出自己的味道。关注课文的写法、结构，做到古人所说的"不动笔墨不读书"。

将习作要求前置，学生第一次接触单元导语，就能关注本单元习作的内容与要求。如人教版四年级上册第三组主题"中外童话"，将习作提前至单元第一节课去把握，学生就有一周多的时间收集习作素材、确定展示台的展示形式。随着四篇童话的学习，学生了解了童话的特点，等教学习作内容时，准备就比较充分，展示的任务就自然完成了。

每个人或许都有这样的经验：读书时有很多的想法，想要写出来又觉得幽默，还需要认真想很久才能写出来。这表明写能提高读的质量，也就是说，必须动笔写了才能读有成效。

### 2. 展示写的成果，生生间和师生间交流阅读体会

进行作文实践或运用练习，应关注学生写的成功，关注生生间、师生间的互动评价、交流。如引导学生分析了作者在主要部分中如何运用神态、动作和语言的描写来表现人物的品质后，可以让学生练习写一个小片段，要求通过对人物的神态、动作和语言的描写表现人物的高兴、愤怒或伤心。这样的小练笔便于学生把学到的作文知识及时巩固和运用。在《中彩那天》的课堂教学中，

师生共同抓住一个"擦"字，感受到父亲的为难。教师适时引导：我们有没有想过，他在擦的时候会是一种什么样的动作？脸上又会是一种什么样的表情呢？我们都不得而知，我们现在也学着作者的样子来写一写父亲擦去K字时的情景。父亲自己一个人待在屋里，看着两张彩票，他表情怎么样？动作又怎么样？大家在小练笔上试着写一写。（老师与学生一起先交流）通过小练笔，我们看到学生在本课的所得。将神态、动作的写法运用在自己的小练笔中，效果好。课末还将文章的主旨进行呈现，并做好第二课时的引趣，达到了人文性与工具性的和谐统一。

## 三、渗透读写知识，学生自读自悟

在阅读教学中，依据教材进行读写结合，不只是表达练习，它是促进学生语文学习，贯通读写能力的桥梁。它既能促进思维敏捷性、缜密性、清晰性，显性或隐性地促进学生阅读的深化，又能有效地提高学生的写作能力。根据不同类型的文章，教给学生不同的写作技巧，让学生掌握写作的方法，即使遇到任何类型的作文，学生也不会因为没写过而怕写了。还要指导学生写好作文的开头。正所谓"好的开头是成功的一半"。在指导学生写开头时，要着力引导学生把开头与全文的主要内容、中心思想紧密相连，要为突出中心服务。语言要精练，开门见山。作为教师，在进行以写为中心的阅读教学训练时，要注意以下技巧。

### 1. 发现材料

小学生作文写得好与不好，关键是看内容是否充实，语句是否优美，情感是否真实。古人云：读万卷书，行万里路。社会在进步，现在不仅有万卷书，而且有互联网。有条件的，要鼓励学生上网，不仅查询与当前学习有关的资料，而且要广泛浏览，天、地、生、数、理、化，上下五千年，纵横八万里。只要是有益的、读得懂的，都可以看，"秀才不出门，便知天下事"，何乐而不为。但是，读书、上网得到的还只是间接经验，如有可能，要鼓励学生在老师或家长的带领下，游山玩水，参观名胜古迹、博物馆、纪念馆、科技馆……丰富他们的阅历，增加他们的直接经验，让他们阅读、感受自然、社会这部"大书"，并在丰富阅历、增长见识的同时，受到历史的、文化的熏陶，储存习作的材料。通过指导学生寻找写作材料的方法，自然而然地解决了材料的难题。只要我们用慧眼去洞察、思考，就会有写不完、记不完的材料。

### 2. 选题技巧

在选用例文进行写作指导时，要根据"以点带面，兼顾全面，查漏补缺"的原则，有意识地选取不同类型的文章进行读写训练，并根据学生中普遍存在的薄弱项目进行查漏补缺，灵活运用课内或课外的美文范文。要充分利用教本的作文素材，如利用教本中的插图培养学生的观察力、想象力等基本能力，从而提高写作能力，练好基本功；利用课文编排，有针对性地进行分类仿写；借助不同的文体进行改写，通过不同文体的改写，使学生掌握不同体裁的写作技巧，极大地提高学生的写作能力；利用课后、学习园地中的词语编写故事。这样就能在语文教学中，最大限度地指导学生学美、寻美、颂美。

### 3. 训练技巧

把着力点放在学生的读写训练上，做到有基、有序、有点、有法，让学生真正做学习语文的主人。总结出的"读写结合的基本经验"，我们要借鉴使用，即有基——杂中求精，打好基础；有序——乱中求序，分步训练；有点——华中求实，突出重点；有法——死中求活，教给方法。坚持从"循法"到"无法"，让学生扎扎实实打好基础，发展思维能力，提高读写能力。

课文即学生学习写作的例文。在教学中有意识地凭借课文，强化言语训练，运用教材中的"言语范式"读懂作者表情达意的方法是阅读教学的重要任务。完成这一任务之后，或创设情境，或选择同学们共有的材料，组织学习教材运用语言方法的练习，就会使学生学习运用语言的目标落在实处。

阅读教学中的随文练笔是进行语言文字训练的重要方式。它是以课文内容为写的材料，把语言形式的运用和课文内容的理解有机地结合起来，彼此交融，和谐运行。第一种：读写结合、尝试运用——仿写。包括：典型句式的迁移练笔；典型构段方式的迁移练笔；典型写作方法的迁移练笔。第二种：拓展情节、填补空白——扩写。包括：看课文插图开展"小练笔"；用课文特殊标点开展"小练笔"；抓文本关键词开展"小练笔"；读文本"佳句"开展"小练笔"；做课文"思考·练习"开展"小练笔"。第三种：立足原作、删繁就简——缩写。第四种：根据材料、合理构思——改写。第五种：创设情境、展开想象——续写。

在以读为本、积累语言的基础上，引导学生学习文章的表达方法，学习作者是如何选材用材，然后迁移到课文中，让学生在学习语言知识、技能的最初阶段，及时运用阅读所获得的知识进行写作，边读边写，学用结合，这样就能让学生通过模仿而实现写作知识的最直接的迁移，有效地提高他们的表达、运用、内化语言的能力。

### 4. 修改技巧

好的作文是改出来的。文章写好了，要鼓励学生自己修改作文，并遵从以下方法：第一，出示修改范例，供学生模仿和借鉴；第二，分组阅读批改，相互取长补短；第三，重视修改过程，鼓励评议作文；第四，品尝好章节，提高自改积极性；第五，朗读自改作文，再次修改作文。经常采取这些训练，逐步使学生掌握自改的方法和步骤，并养成良好的习惯。

还可以提倡"一文多改"，即让学生把自己的作文多改几次。让学生准备草稿本，写完之后，先交草稿，老师批阅草稿，学生必须按照老师的要求对草稿进行修改。改后，老师再看，对文章提出进一步的细致的要求，学生再按照老师的要求细改。认为自己的作文改得差不多了，把作文交给同桌，让同桌挑毛病（主要是字词句方面）。最后，自己再修改。自己不会改的，请同学帮忙。

## 四、运用"以写为中心"的深度阅读教学策略要注意的问题

语言文字训练与思想教育的有机统一、阅读与写作的有机结合，这是语文教学中增强学生思想素质与提高学生读写水平的基本要求和途径。

阅读是吸收。就好像每天吃饭吸收营养一样，阅读就是吸收精神上的营养。写作是表达。把脑子里的东西拿出来，让人家知道，或者用嘴说，或者用笔写。阅读和写作，吸收和表达，一个是进，从外到内；一个是出，从内到外。

"以写为中心"的深度阅读教学策略不是只关注写，而是于阅读教学中要在教师的教法和学生的学法上下功夫，使阅读为写作服务。

### 1. 有的放矢

阅读课堂的"写"最终是为阅读课服务的，或是课文词句优美，作为词

语积累的练习；或是人物品质感人，作为感受人物品质的练习；或是文章结构奇特，作为模仿学习的练笔；等等。但无论是何种目的，都离不开为阅读教学服务的宗旨。一次课堂练笔如果没有为阅读教学服务，或者漫无目的，或者什么都想解决，如字词优美、思想概括等，"眉毛胡子一把抓"，效果会适得其反。因此，我们将训练点定好，再有的放矢地让学生去阅读和写作，这样的教学效率就提高了。

**2. 留足余地**

学生是学习和发展的主体。"语文课程必须根据学生身心发展和语文学习的特点，关注学生的个体差异和不同的学习需求，爱护学生的好奇心、求知欲，充分激发学生的主动意识和进取精神。"因此，课堂上的"写"也应该关注学生的个体差异，给予学生充分的自主和自由。

**3. 殊途同归**

培养学生高尚的道德情操和健康的审美情趣，形成正确的价值观和积极的人生态度，是语文教学的重要内容，不应把它们当作外在的附加任务，应该注重熏陶感染，潜移默化，把这些内容贯穿于日常的教学过程之中。阅读课堂的拓展性练笔的手段可以多种多样，但无论采用何种手段，万变不离其宗，都必须与培养爱国主义感情、社会主义道德品质，帮助学生形成积极的人生态度和正确的价值观，提高文化品位和审美情趣相一致。任何与此背道而驰的"写"都值得反思。

小学语文"以写为中心"的深度阅读教学策略不仅仅是为了提高学生的写作能力，更是肩负着丰富语言、理解文本、培养语感、发展思维，乃至培养学生高尚的道德情操和健康的审美情趣，形成正确的价值观和积极的人生态度的重任。

**参考文献**

［1］吴忠豪.外国小学语文教学研究［M］.上海：上海教育出版社，2009.

［2］王道俊，郭文安.教育学［M］.北京：人民教育出版社，2009.

［3］汪潮.小学语文课程与教学论［M］.上海：华东师范大学出版社，2010.

［4］陈轶材.寻找语文教本中的作文素材［J］.语文教学通讯，2005（34）.

［5］陶保平. 小学语文教育新视野［M］. 上海：华东师范大学出版社，
　　　2003.

［6］蔡巧雯. 怎样让学生自评自改［J］. 小学语文教学，2003（6）.

［7］温儒敏，巢宗祺.《义务教育语文课程标准（2011年版）》解读［M］.
　　　北京：高等教育出版社，2012.

［8］莫雷，冷英，王瑞明，等. 文本阅读信息加工过程研究：我国文本阅读
　　　双加工理论与实验［M］. 广州：广东高等教育出版社，2009.

［9］皮连生. 学与教的心理学（第五版）［M］. 上海：华东师范大学出
　　　版社，2009.

# 《威尼斯的小艇》教学设计

## ——义务教育教科书语文五年级下册第18课

## 【教材分析】

### （一）单元解读

统编版教材语文五年级下册第七单元是一个普通的阅读单元，其人文主题是"世界各地"。围绕这个主题编排了《威尼斯的小艇》《牧场之国》《金字塔》三篇课文，还安排了口语交际"我是小小讲解员"、习作"中国的世界文化遗产"及语文园地。本单元的课文内容呈现了不同国家的不同景物，有威尼斯的小艇、荷兰的牧场、埃及的金字塔，展现了异域风景之魅力，让人感受世界文化之厚重。

本单元共有两个语文要素，一是"体会静态描写和动态描写的表达效果"。这是在五年级上册教材"初步体会课文中的静态描写和动态描写"的基础上提出的，进一步引导学生体会其表达效果。二是"搜集资料，介绍一个地方"，这也是本单元习作的要求。从阅读、感受世界各地的文化遗产到介绍中国的世界文化遗产，教材引导学生关注中国傲人的文化成就，增强民族自豪感，并学习把一处文化遗产介绍清楚。在教学中，我们要把握本单元的人文主题和语文要素，立足单元整体统一规划，指导学生"学阅读看世界，学表达赞中国"。比如，学生在阅读中发现美、感受美，教学《威尼斯的小艇》，要引导学生体会课文中静态描写和动态描写表达效果的强大与震撼，同时初步了解世界文化遗产。

（二）课文内容解读

**1. 文本分析**

本文作者是著名作家马克·吐温，课文并没有多方面描绘游览威尼斯的所见所感，而是借这个城市的标志——小艇，把水上名城的风光韵味充分地表现出来。

课文描写了小艇在水面上灵活穿梭的样子，描写了日常生活中游客、居民乘坐小艇的情形，描写了半夜戏院散场后小艇散去的场面，表现了威尼斯的动态美。课文也描写了水城沉沉睡去后的寂静，表现了威尼斯的静态美。

**2. 生字分析**

本文要求认识"尼、艄"等6个生字，读准多音字"哗"，会写"尼、斯"等15个字，会写"纵横、船艄"等12个词语。五年级学生已经有较好的识字方法，有较强的识字能力。因此，生字教学不需要像低年级教学那样从音、形、义三个方面逐字讲解，可以以检测的方式进行，在课中听写，检测学生学习生字的过关率，并进行堂上的及时反馈，对学生掌握不好的生字进行及时点拨，对难写的生字或容易写错的生字进行指导。

**3. 课后习题分析**

本课的四道课后习题均紧扣单元目标设置，是为达成单元目标服务的。其中，习题"体会作家笔下威尼斯的动、静之美，再有感情地朗读课文"以及"读下面这段话，说说小艇有哪些特点，再体会加点部分的表达效果"，其目的在于通过有感情朗读的方式体会动、静之美，并通过关键语句体会动态、静态描写的效果，学习找出体会的"着力点"。

## 【学情分析】

五年级学生在朗读方面，已经能用不同的语气和节奏去朗读，具备一定的朗读能力；在阅读方面，上学期学生已经学习过查找资料、列提纲以及尝试介绍一种事物的方法；在学习习惯方面，学生听说读写已有一定的技巧。

## 【设计理念】

坚持广州市番禺区"上品教化"理念，落实《广州市番禺区升级"研学后教"课堂教学改革实施指导意见》,实现"研学后教"课堂教学改革的优化升级,突出语文学科教学的价值导向功能、课堂教学技术手段的辅助优势以及学生发展语文核心素养的学科培养,从而促进"研学后教"课堂实现"两高""两准""两好"和"两优"的要求与任务,打造"研学后教——融·乐"课堂,通过"三融"打造"六乐"课堂教学样态。

## 【教学目标】

(1)本文要求认识"尼、艄"等6个生字,读准多音字"哗",会写"尼、斯"等15个字,会写"纵横、船艄"等12个词语。

(2)能说出课文围绕小艇写了哪几个方面的内容,并体会文中动态描写和静态描写的表达效果。

(3)能根据第2自然段的内容说出小艇的特点,并体会表达效果。

(4)能比较课文和"阅读链接",了解它们在表达方式上的相似之处。

## 【教学重难点】

教学重点:能说出课文围绕小艇写了哪几个方面的内容,并体会文中动态描写和静态描写的表达效果;能根据第2自然段的内容说出小艇的特点,并体会其表达效果。

教学难点:通过品读文中关键语句体会作家笔下威尼斯的动、静之美。

## 【教学准备】

多媒体课件、研学案。

## 【课时安排】

2课时。

## 【教学过程】

### 第一课时

**板块一：情境导入，揭示课题**

**1. 交流资料，检查预习**

学生说一说自己课前预习收集的资料。

**2. 创设情境，揭示课题**

（1）观看课前收集的图片，插播背景音乐，边看边介绍。

威尼斯是意大利的一座古城，是世界闻名的水上城市。小艇是威尼斯的主要交通工具，就如大街上的汽车，如此神奇的景象，实在是令人好奇。

（2）出示课题"威尼斯的小艇"，齐读课题。（板书：威尼斯的小艇）

导入新课：威尼斯以她的美丽和恬静迎接着世界各国的友人，让我们也随着作者一起去游览风光旖旎的威尼斯吧！

设计意图：重视导入环节，创设与文本相适应的图片情境，激发学生的学习兴趣和求知欲望。让学生交流课前收集的资料，激发学习的兴趣，培养学习的主动性。

**板块二：初读识字，整体感知**

**1. 检查预习，字词过关**

（1）汇报预习情况：借助研学案，交流预习情况。

（2）听写，检测生字词。（同桌互检）

（3）指导书写，着重分析指导"艇、艄、翘、祷、雇、簇"，适当范写。

**2. 感知内容，梳理脉络**

（1）明确任务：默读课文，思考问题。

说一说课文围绕小艇写了哪几个方面的内容。

（2）自主学习。

（3）汇报交流。

①小艇是威尼斯主要的交通工具。（第1自然段）

②小艇独特的构造特点。（第2~3自然段）

③船夫的驾驶技术特别好。（第4自然段）

④ 小艇与人们的生活密切相关。（第5~6自然段）

（4）学生用自己的话说说课文的主要内容。

**设计意图**：五年级学生已具备自学字词的能力，课堂上通过听写检测，省时高效。另外，给学生以充分的时间与文本进行接触，厘清作者的写作思路和课文的层次，对课文有一个整体的感知。采用"任务型"教学方式，引导学生把握学习内容，为品读课文、感受美做铺垫。

**板块三：品读课文，感受美**

**1. 出示研学问题：为什么小艇是主要的交通工具?**

（1）默读课文，学生自读自悟。

（2）小组交流、汇报。

（3）结合学生汇报，引导学习第2~4自然段。

**2. 学习第2自然段，认识小艇**

（1）图文对照，感受奇特。

① 看图说话：出示威尼斯小艇的图片，学生用自己的话描述小艇的样子。

② 比较方法：对照课文，看看作者是怎样描述的。

（2）品读课文，领悟写法。

① 明确任务：自由朗读第2自然段，想想作者的哪些描写方法是值得我们学习的。

② 学生自读自悟。

③ 教师引导：

a. 你发现作者在描写上有何特点？（用了三个比喻句，写出了小艇长、窄、深的特点）

b. 理解"像挂在天边的新月""仿佛田沟里的水蛇"，体会表达效果。

（板书：小艇的样子独特）

c. 思考：为什么要把小艇设计成这样？

（小艇独特的外形适合威尼斯河道的环境，所以符合成为"主要的交通工具"的条件）

d. 借助课文插图，感受小艇特点，认识其成为主要的交通工具的原因。

④ 小结：作者用三个比喻描写了静态中小艇的特点，展现了小艇奇特的样

子。（板书：静态描写）可见作者是通过细致观察，抓住了小艇的特点，所以才描写得这样精彩。

⑤指导朗读：哪位同学能够把小艇独特的样子通过朗读展示出来？

**3. 学习第3自然段，体会坐在小艇中的感受**

（1）想象说话：假如坐在威尼斯的小艇上你会是什么感觉？

①学生说体会。

②教师范读，引导学生想象。

③学生再谈感受，引导感受"说不完的情趣"。

（2）对比第2和第3自然段，你发现了什么？

（第2自然段是静态描写，第3自然段是动态描写）作者为什么要这样写？（动静结合，生动有趣）

（3）再读课文，体会小艇的样子奇特和坐在上面的情趣。

**4. 学习第4自然段，体会船夫的驾驶技术特别好**

（1）默读第4自然段，思考：第4自然段是围绕哪句话来写的？与下文是什么关系？

（"船夫的驾驶技术特别好"，与下文是总分关系）（板书：船夫的驾驶技术好）

（2）作者是从哪些方面具体写了船夫的驾驶技术特别好的？

预设：

①速度快，来往船只多，能够操纵自如。

②不管怎么拥挤，总能左拐右拐地挤过去。

③极窄的地方总能平稳地穿过，而且还能急转弯。

（3）理解"操纵自如""平稳地穿过""建筑飞一般地倒退"等词句，体会动态描写。（板书：动态描写）

（4）联系课文借助课文插图，想象小艇穿梭的画面。（指名说）

（5）朗读感受。

①边朗读边课件演示船夫驾驶小艇的动作，体会威尼斯的动态美。

②朗读汇报，随机指导。

设计意图：这一环节指向本单元的语文要素"体会静态描写和动态描写

的表达效果"的教学。让学生从文字出发，借助课文插图，想象众多小艇灵活穿梭的样子以及乘客坐在小艇中的感受，体会动态描写所表现出来的小艇的生趣。另外，自主学习以及交流分享能调动学生学习的自主性以及积极性，师生间的讨论交流激发学生积极主动地思考，产生热烈的学习氛围，学生能从中受到启发。

**板块四：回顾总结，布置作业**

（1）学生谈收获。

（2）教师总结：这节课，我们从小艇的样子以及船夫高超的驾驶技术中感受到了威尼斯的静态美和动态美。那威尼斯小艇与人们的生活有着怎样的关系呢？还有哪些地方体现了威尼斯的静态美和动态美？我们下节课继续交流。

（3）作业布置：朗读课文。

**设计意图**：让学生谈课堂收获，有助于学生对整节课学习的整理，提炼课堂重点。留下假设性问题，继续激发学生阅读课文和了解威尼斯的兴趣。

📖 **板书设计**

威尼斯的小艇 ⎰ 小艇的样子奇特　　静态描写
　　　　　　　⎱ 船夫的驾驶技术好　　动态描写

## 第二课时

**板块一：复习导入，回顾内容**

同学们好！上节课，我们通过第1~4自然段的学习，了解到威尼斯的动、静之美。这节课，我们继续威尼斯之旅，感悟美景。

**设计意图**：回顾上节课学习的内容，有明确的方法指引，为学生后续的学习奠定基础。

**板块二：研读课文，畅谈体会**

**1.阅读段落，厘清内容**

（1）研学问题：课文是如何体现动态美和静态美的？

（2）快速浏览第5、6自然段，用"_____"画出动态描写的语句，用"_____"画出静态描写的语句。

（3）指名汇报。

**2. 品读语句，体会"动、静之美"**

（1）体会"动态之美"。

①学生自由读描写动态的部分，思考：从作者的描写当中体会到什么？

②四人小组交流讨论。

③小组汇报：

预设1：

商人夹了大包的货物，匆匆走下小艇，沿河做生意。青年妇女在小艇里高声谈笑。许多孩子由保姆伴着，坐着小艇到郊外去呼吸新鲜的空气。老人带了全家，坐着小艇上教堂去做祷告。

a."商人、青年妇女、孩子、保姆、老人"都去坐小艇，体会小艇与人们生活密切相关。（板书：小艇与人们生活密切相关）

b.作者在描写人物时都运用了动作词，感受动态描写的方法。

预设2：

簇拥在一起的小艇一会儿就散开了，消失在弯曲的河道中，远处传来一片哗笑和告别的声音。

抓住"簇拥""散开""消失""哗笑""告别的声音"等关键词谈感受，体会动态描写的好处。

④ 小结：作者通过抓住人们乘坐小艇的情形以及半夜戏院散场后小艇散去的场面，表现了威尼斯的动态之美。（板书：动态美）

⑤师生合作读，体会威尼斯的动态美。

（2）体会"静态之美"。

①自由读静态描写的部分，运用习得的方法体会威尼斯的静态之美。

②学生汇报。

预设3：

水面上渐渐沉寂，……古老的威尼斯又沉沉地入睡了。

a.体会作者抓住月亮、石头建筑、桥梁等景物进行静态描写。

b.感受威尼斯的夜晚非常安静。

③引导想象：教师配乐范读，学生想象画面。

④学生再谈体会。

预设：

水面渐渐沉寂，只见月亮的影子在水中摇晃。

a.通过"月亮的影子在水中摇晃"这一动态描写，反衬了威尼斯水面的沉寂。

b.运用拟人手法，把威尼斯当作人来写。

⑤小结：作者运用动态描写，让我们体会到威尼斯的繁华之美，还运用了静态描写，让我们体会到威尼斯的静谧之美。（板书：静态美）

⑥男女生朗读，体会静态美。

**板块三：课堂练笔，迁移运用**

（1）试着运用动态描写和静态描写的方法，写写我们熟悉的景物，如学校操场等。

（2）展示之前学生仿写的片段，教师点评。

（3）学生练写，教师巡视指导。（研学案——"研学运用"）

（4）分享交流、相互评价。

**板块四：比较阅读，领悟写法**

（1）读一读：自由阅读"阅读链接"的两篇文章节选。

（2）想一想：三位作家在表达上有什么相似之处？（引导学生从"游览途经地""静态描写和动态描写""作者的感受"三个方面进行阅读对比）

（3）议一议：小组交流，合作填写表格。

（4）说一说：班上汇报，引导梳理。

（5）小结表达方法（见下表）。

小结表达方法表

| 作者与文章 | 游览途经地 | 静态描写和动态描写 | 作者的感受 |
|---|---|---|---|
| 马克·吐温《威尼斯的小艇》 | 白天乘坐小艇游览河道、穿过桥梁，夜晚坐小艇看戏 | 写出了景物的动态美和静态美 | 写出了威尼斯的美，表达了作者对威尼斯的喜爱之情 |
| 朱自清《威尼斯》 | 乘坐小艇游览河道、穿过桥梁，来到广场钟楼 | | |
| 乔治·桑《威尼斯之夜》 | 夜晚乘坐小艇泛舟湖心，来到皇家花园附近 | | |

设计意图：比较三位作家的表达方法，一定要走进文本，细细读，静静想。本环节采用自主、合作、探究的学习方式，以表格作为支架，帮助学生梳理关键信息，感受语言表达的效果，感受威尼斯的独特魅力。

**板块五：总结课堂，拓展提升**

（1）回顾课文，畅谈收获。

（2）课堂总结：通过本课的学习，我们知道了威尼斯的小艇与人们生活密切相关，体会了威尼斯的动态美和静态美，感受到了那份独特的风情与魅力。以后在读写文章时，我们都要多关注动态描写和静态描写，感受事物的美。

📖**板书设计**

18. 威尼斯的小艇

动态美

小艇与人们生活密切相关

静态美

附：

统编版小学语文五年级下册第七单元
《威尼斯的小艇》研学案

**一、研学导航**

1. 研学目标

（1）我能认识"尼、艄"等6个生字，读准多音字"哗"，会写"尼、斯"等15个字，会写"纵横、船艄"等12个词语。

（2）我能说出课文围绕小艇写了哪几个方面的内容，并体会文中动态描写和静态描写的表达效果。

（3）我能根据第2自然段的内容说出小艇的特点，并体会表达效果。

（4）我能比较课文和"阅读链接"，了解它们在表达方式上的相似之处。

2. 研学背景

马克·吐温（Mark Twain），美国作家、演说家。马克·吐温一生写了大量作品，题材涉及小说、剧本、散文、诗歌等各方面。从内容上说，他的作品批判了不合理现象或人性的丑恶之处，表达了这位当过排字工人和水手的作家强烈的正义感和对普通人民的关心；从风格上说，专家们和一般读者都认为，幽默和讽刺是他的写作特点。其代表作品有小说《百万英镑》《哈克贝利·费恩历险记》《汤姆·索亚历险记》等。《威尼斯的小艇》没有多方面描绘游览威尼斯的所见所感，而是借这个城市独有的标志——小艇，展现名城风光。

二、研学过程

1. 课前研学（自主学习）

（1）收集"水上名城"——威尼斯以及威尼斯小艇的相关资料。

（2）我会读下列词语。

威尼斯　小艇　纵横　船艄　翘起　皮垫　窗帘
保姆　祷告　雇主　簇拥　哗笑　码头　笼罩

2. 问题探究

（1）为什么说小艇是威尼斯主要的交通工具？

（2）课文是如何体现动态美和静态美的？

3. 研学运用

试着运用动态描写和静态描写的方法，写写我们熟悉的景物，如学校操场。

三、研学拓展

读一读：自由阅读"阅读链接"的两篇文章节选。

想一想：三位作家在表达上有什么相似之处？

研学拓展表

| 作者与文章 | 游览途经地 | 静态描写和动态描写 | 作者的感受 |
|---|---|---|---|
| 马克·吐温《威尼斯的小艇》 | | | |
| 朱自清《威尼斯》 | | | |
| 乔治·桑《威尼斯之夜》 | | | |

四、研学评价（评价提示：A.真棒，B.良好，C.加油）

研学评价表

| 学习过程 | 自我评价 | 小组评价 |
|---|---|---|
| 1.认真完成课前研学 | | |
| 2.积极参与小组讨论 | | |
| 3.耐心倾听同学发言 | | |
| 4.乐意分享学习成果 | | |
| 需改进的地方 | | |

【教学反思】

## 凸显语文要素　植根能力提升
### ——《威尼斯的小艇》教学反思

　　小学语文高年段的阅读教学要关注单元的重点目标，在教学中要凸显单元的语文要素；教师在精心备课时需要关注文本，挖掘有教学价值的学习内容，并根据学生的学情制定体现文本特点的个性化学习目标；以问题引领，鼓励学生结合文本的内容进行充分的交流，鼓励学生大胆发表自己的看法和感受，进而达到深度阅读；以文本作为范本，了解文本的基本表达方法，并为习作提供一定的借鉴，通过当堂小练笔，植根学生阅读与习作能力的提升。笔者以统编版教材五年级下册第七单元第18课《威尼斯的小艇》为例，凸显"静态描写和动态描写的表达效果"的语文要素，学生在深度阅读中发现美、感受美，立足单元整体统一规划，前联后挂，有梯度地落实阅读目标，植根读写能力，指导学生"学阅读看世界，学表达赞中国"。

　　1.关注文本定目标

　　统编版教材语文五年级下册第七单元是一个普通的阅读单元，其人文主题是"世界各地",《威尼斯的小艇》是本单元的第一篇课文。作家马克·吐温并没有多方面描绘游览威尼斯的所见所感,而是借这个城市的标志——小艇,把水上名城的风光韵味充分地表现出来。

教师在文本分析时可以关注到《威尼斯的小艇》这一文本的语言简洁明快,生动有趣。既有威尼斯小艇独特的样子,又有人们在生活中乘坐小艇的情趣;既有半夜戏院散场后小艇散去的动态美,又有威尼斯水城沉沉睡去后的静态美。这些静态描写和动态描写,体现出了"人动则艇动,人歇则艇歇"的特点,突出了小艇为威尼斯这座城市带来的无尽情趣。

学生在五年级上册时已初步体会课文中的静态描写和动态描写,属于表层的认知要求。而本单元要求的是"体会静态描写和动态描写的表达效果",属于理解感悟层面,也是上册认识、了解层面上的提升。根据学情,结合文本,可以制定教学目标为:能说出课文围绕小艇写了哪几个方面的内容,并体会文中动态描写和静态描写的表达效果;能比较课文和"阅读链接",了解它们在表达方式上的相似之处。教学目标的制定是实现深度阅读教学中的一个重要环节,也是提高深度阅读课堂教学效率的关键,它对实现深度阅读课堂教学的优化起到至关重要的作用。

### 2.问题引领深阅读

小学高年段语文在进行深度阅读课堂教学时,需要对教学课堂改革进行优化,突出语文学科教学的价值导向功能、课堂教学技术手段的辅助优势以及学生发展语文核心素养的学科培养。在《威尼斯的小艇》一课的教学中,我们根据本单元的人物主题和语文要素,精心设计研学问题"课文是如何体现动态美和静态美的",使研学内容更准;在学生乐于自主、合作、探究学习的基础上,教师乐于点拨引导,实施深度阅读策略,让学生善于思辨,更好地体会静态描写和动态描写的表达效果,使研学过程更好;教师乐于通过音乐、图片、朗读、小练笔等创设学习情境,引导学生深度学习,让学生乐于在场景中体验感悟,让课堂成为培养学生创新能力的摇篮。

在第一课时,我们以问题进行引领,让学生带着"你从哪里看出船夫的驾驶技术特别好"这一问题,引导学生深度阅读课文第4自然段,教师在学生交流后进行梳理,学生抓住:速度快,来往船只多,能够操纵自如;不管怎么拥挤，总能左拐右拐地挤过去；极窄的地方总能平稳地穿过，而且还能急转弯等关键词句，联系生活经验去理解，充分体会到船夫每一天都在驾驶小艇，熟能生巧。

在第二课时，我们仍以问题进行引领，让学生带着"课文是如何体现动态美和静态美的"这一问题，引导学生深度阅读课文第5、6自然段，理解威尼斯人的生活与小艇之间密不可分的关系，从而体会动、静之美。教学片段实录如下。

师：请学习完的小组进行汇报。

学生1：很多人都要去坐小艇。有商人、青年妇女、孩子、保姆、老人等。

师：小艇真是与人们的生活息息相关啊。

学生2：作者在描写这些人物的时候运用了很多动作词。商人走下小艇，青年妇女在谈笑，孩子、保姆坐艇到郊外，老人带着全家去教堂祷告。

师：没错，动态描写里面就是运用了很多的动作词，你可真会发现。

学生3："簇拥在一起的小艇一会儿就散开了，消失在弯曲的河道中，远处传来一片哗笑和告别的声音"，可以通过抓住"簇拥""散开""消失""传来的哗笑"和"告别的声音"等关键词进行体会。

师：是啊，这一连串的动态描写，让"戏院散场"这一场景描写得栩栩如生，充满了生活气息！

师小结：你们看，作者就是抓住人们乘坐小艇的情形以及半夜戏院散场后小艇散去的场面，来表现威尼斯的动态美。（板书：动态美）

师：让我们师生合作，美美地读出来吧。（配乐朗读）多美的画面啊！

师：大家再自由读读第6自然段的后半部分，我们继续用刚才的方法来体会威尼斯的静态之美。

学生1：作者抓住了月亮、石头建筑、桥梁等景物来进行静态描写。

学生2：从这些描写当中，我体会到威尼斯的夜晚非常安静。

师：但仅仅是安静吗？听老师来读一读，你又有哪些不一样的体会？

（师配乐范读）水面上渐渐沉寂，只见月亮的影子在水中摇晃。高大的石头建筑耸立在河边，古老的桥梁横在水上，大大小小的船都停泊在码头上。静寂笼罩着这座水上城市，古老的威尼斯又沉沉地入睡了。

师：通过老师的朗读，你对作者的描写有哪些新的体会？

学生1：我觉得水面渐渐沉寂，小艇都没有了，只看到月亮的影子在水中摇晃。

师：（播放动画）看，这就是夜晚的威尼斯。作者通过"月亮的影子在水中摇晃"这一动态描写，实际上写出的就是威尼斯水面的沉寂。还有同学想说吗？请你来。

学生2：我看到石头建筑、桥梁本来不动的，现在连小艇也不动了，都停泊在码头上，多么恬静的画面！（板书：静态美）

学生3：作者运用了拟人手法，把威尼斯当作人来写，到了晚上，威尼斯便如同人一样安静地入睡了。

师小结：作者就是这样运用动态描写，让我们体会到威尼斯的繁华之美，还运用了静态描写，让我们体会到威尼斯的静谧之美。

师：下面，请同学们看课文，让我们通过朗读再来感受一下威尼斯的美吧！请男生读动态描写的部分，女生读静态描写的部分。

这一教学环节力求实现"后教策略"的升级：让学生通过自学以及小组合作学习，借助朗读、想象、联系生活等方法去品味语言，教师适时点拨、引导，让学生在语言文字的熏陶和感染下体会威尼斯的动态美与静态美，习得语言的表达效果，继而培养"乐思乐创"的良好学习习惯。

### 3. 表达方法促习作

教语文，最重要的是教学生运用学习的方法。课文不过是一个例子，我们不能止于课文的教学。我们在《威尼斯的小艇》教学中，通过片段的练写，迁移运用，内化写作方法，从而习得语言，促进学生写作能力的提高，培养学生的语文素养。

我们让学生运用作者动静结合的这种方法，来写写熟悉的景物，如学校的操场。在教师的引导下，学生联系生活实际，模仿文本进行小练笔，以下为学生的习作。

下午，学校放学了，一大群学生一涌而出，跑去了心心念念的操场。簇拥在一起的同学们像雾花一样，不一会儿就全散开了，奔向了广阔的操场中，远远就传来如银铃般的嬉笑声。

傍晚操场上渐渐沉寂，只见夕阳的余晖笼罩了整个操场。高大的树木如守卫一般耸立在操场四周，崭新的运动设施静静地在操场中心列队，各种娇艳动人的鲜花也羞答答地躺在草坪上，仿佛在舒展一天的疲惫，静谧笼着这一片土地，迷人的操场又沉沉地睡去了。

这位学生抓住了同学一连串的动作，把操场的热闹场景写得格外生动；在描写静态景物时，也用上了比喻和拟人的修辞手法，不但形象，而且能给人一种宁静的感觉。

在《威尼斯的小艇》一文的学习中，深度阅读就是通过学生抓住关键语句体会动态、静态描写的效果，找出体会的"着力点"，进而引发学生的习作欲望，将习得的表达方法运用到习作中，最终达到语文素养的提升。

**参考文献**

［1］吴儒忠.思维广场：翻转的语文课堂［M］.上海：华东师范大学出版社，2018.

［2］王崧舟.诗意语文课谱——王崧舟十年经典课堂实录与品悟［M］.上海：华东师范大学出版社，2011.

［3］杨玉国.探索小学语文阅读教学中深度阅读教学的方法［J］.语文教学通讯·D刊（学术刊），2020（9）：52-54.

6

第六章

整本书深度阅读、课外阅读
检测题

# 《上下五千年》整本书阅读的案例

适合年级：六年级

书名：《上下五千年》

图书简介：《上下五千年》是外文出版社出版的图书，为现代著名语言学家、教育学家林汉达所著，讲述了中国的实史，上至三皇五帝，下至辛亥革命，是一本集中国发展史、重大历史事件及名人简介于一身的优秀历史读物。作者选择重要和著名的人物与事件，根据史籍材料，加以组织和剪裁，用现代语言写出来，通俗易懂。中国是世界四大文明古国之一，约有五千年的历史渊源，所以"五千年"也就代指整个中国历史。

作者简介：林汉达先生从20世纪20年代起即从事研究和写作，著作丰富，涉及面广，颇有影响。中华人民共和国成立后，历任北京燕京大学教授、教务长，中央教育部社会教育司司长，全国扫盲委员会副主任，教育部副部长，《中国语文》杂志副总编辑、总编辑，中国文字改革委员会委员、研究员，中国民主促进会中央委员会副主席。曾任全国人民代表大会第一、二、三届代表。

学情分析：学生们已经具备了一定量的知识，对文章也能够有一些自己的见解。因此，对这个时期的小学生开展语文阅读教学的时候，主要是从培养学生的阅读习惯方面入手，同时培养学生在阅读过程中不断进行分析与思考的习惯，增强学生的语言应用能力。通过展开多种形式的阅读训练，引导学生更好地学习和体会文章中的思想感情，理解其中深刻的内涵。

# 阅读过程设计

## 一、走进阅读

教学实录如下。

**（一）创设情境，导入新课**

引导学生用富含神秘感的语气读出书名。

师：知道这个标题怎么读的同学请举手！（生举手）一起来读一遍。（学生语调拖曳）

请同学们认真听老师是怎样突出时间来读的：上下五千年。（学生仿读）

读得非常好，同学们真聪明！

设计意图：让学生学会根据内容来调整朗读的语气。

**（二）初步了解，整体感知**

检查学生对该书籍的阅读情况、对内容的了解程度。

师：那么标题里面的这个"上下"是什么意思呢？（举起书本正反面示意）是指这个上下吗？有没有同学可以告诉老师？

生：中华上下五千年发生的事情。

师：哇！很会理解！没错，讲的就是整个华夏历史五千年来发生的事情，真会读书！

那么我们一起看看这个是什么花？（手指课件背景里的梅花图案）知道的同学请举手！

生：梅花！

师：非常棒，那么梅花是在什么季节盛开的呢？

生：冬天！

师：没错，我们选用的这个梅花图案跟课题是有联系的，因为我们中华人民五千年来就具有梅花在严冬不惧寒冷、美丽绽放的美好品德！

设计意图：让学生初步理解书名，了解内容梗概。

现在请同学们用响亮、整齐的声音朗读这首《朝代歌》！（生齐读，不少学生把"晋"错读成"普"，部分同学不会读"隋"字）第五行第五个字，同

学们会读吗？请你来教教大家！（点一名学生回答）

生：jìn（晋）！

师：很好，是读 jìn（晋），老师听到有部分同学读成"普"，这两个字长得真的很像呀！不过"晋"字的头上是没有那两个角的哦，同学们要注意区分开来，明白了吗？

生：明白！

生举手提问：老师，第三行第一个字我不会读。

师：好，有同学知道这个字怎么读吗？

生2：suí！

师：真聪明！这个字跟我们平时说的"随便"的"随"的读音是一样的，请同学们做好注音，我们又学会一个字啦！还有没有哪个字不会读呢？

生：没有啦！

师：那有没有同学可以告诉老师，如果阅读的时候遇到不认识的字，该怎么办呢？

生：查字典！

师：非常好！没错，我们可以查字典，然后把查到的拼音标注上去，那么我们又可以学到新的生字了，多棒呀！如果手边没有字典的话，可以问爸爸妈妈！不过悄悄告诉大家一个秘密：其实个别不认识的生字，是不会影响我们理解书本大意的哦！明白了吗？

生：明白！

师：还有，如果我们在阅读的过程中看到特别优美的词句，我们应该怎么做呢？

生：拿笔记本摘抄下来！

师：没错！我们读到特别喜欢的故事的时候，及时把那一页折起来，那么在下次的阅读成果交流会，大家就可以分享给同学听了！摘录下来的好词好句，也可以上交给老师评比加分了！

设计意图：让学生掌握阅读技巧，培养善于积累的阅读习惯。

师：好，现在请同学们在四人小组里共同解决生字难题，有不会的字问问小组里的同学，解决完难题的小组起立把《朝代歌》读一遍，看看哪个小组最快。现在四人小组开始讨论!

设计意图:形成合作探究、互助共进的学习氛围。

(某小组率先起立读完)

师:读得非常好!请把你们的学号报上,老师要给你们加分。

(现场操作加分系统进行加分)

设计意图:激励其他学生也踊跃发言,争取加分。

师:好,现在其他四人小组向他们学习,请全体起立,整齐、响亮地读出来。

(生齐读)

师:读得非常棒!请坐。现在我们一起来解读一下《朝代歌》。

"唐尧虞舜夏商周"中的"唐"和"隋唐五代又十国"的"唐"的含义是不一样的,有同学知道这两个"唐"字分别代表什么吗?

生:第二个"唐"代表唐朝。

师:非常棒!相信大部分同学都是初次接触第一个"唐"字的用法。其实,在上古时期有一个皇帝,他德高望重,深受人民爱戴,他就是尧帝。而古人喜欢把自己出生的地方放在自己的名字前面,故称他为"唐尧"。那么,同学们明白第一个"唐"字的含义了吗?

生齐答:是他的家乡。

师:真聪明!那有没有同学能告诉老师,"虞舜"又是什么意思呢?

生:出生在"虞"的舜帝。

师:回答正确,真会理解呀!

师:那有同学知道"夏商周"是什么意思吗?

生:代表夏朝、商朝、周朝三个朝代!

师:哇,真聪明,回答正确!在周朝时,分为东周和西周时期,其中东周时期又分为了春秋和战国时期。在东周的时候,皇室衰微,各个国家要么在侵略别国,要么被别国侵略,于是战乱不断,因此就"春秋战国乱悠悠"了。这些人物和事件,我们都可以在《上下五千年》里详细地了解。

设计意图:用通俗易懂的语言引导学生理解新知识,引起学生对书籍的阅读兴趣。

师："秦汉三国晋统一"，说到秦朝，我们不得不提的人是——

生：秦始皇！

师：没错！同学们知道吗？秦始皇是中国历史上第一位皇帝，他非常专制，在全国行使中央集权统治，全国上下都要听他的，非常唯我独尊，他是第一个把自己称为皇帝的人，因此称他为秦始皇。秦始皇虽然非常专制，可是他也为民族做出了非常多的贡献。有一个著名景点，它的修筑目的是用于抵御敌人的入侵，知道这个景点的同学请举手！

生：万里长城！

师：没错！万里长城就是秦始皇下令修建的，起到了保家卫国的作用。除此之外，秦始皇颁布的很多法令也是非常有用的，看看同学们能不能在阅读《上下五千年》的过程中发现！

生：能！

师：真棒！"南朝北朝是对头"，既然它们是对头，那说明当时有非常多的——

生：战争！

师：哇，好聪明哦！"隋唐五代又十国"，隋唐时期是经济、文化、政治都达到巅峰的一个时期。然后是"宋元明清帝王休"，有同学知道为什么在宋元明清就"帝王休"了呢？这就涉及我们中华民族一段非常重要的历史了，这段历史和我们现在的生活也息息相关，看看同学们能不能在书本中找到答案呢！

**设计意图：**用通俗易懂的语言引导学生理解新知识，引起学生对书籍的阅读兴趣。

师：现在，我们有一个超级无敌至尊大挑战，同学们敢不敢接受？

生：敢！

师：现在，迅速把它背诵下来！

（学生自由背诵）

师：好，现在我们一起尝试背诵，请同学们把眼睛闭上，如果在背的过程中实在不记得了，可以把眼睛睁开看一眼课件，然后迅速闭上。好，一、二，起！

（学生齐背）

师：好，大部分同学都背得非常好。现在请刚才睁开眼睛的同学看着课件，闭上嘴巴，在心里默背一次，开始！

（学生默背）

师：完成的同学请举手！

（学生集体举手）

师：好！现在请所有同学，看着老师再背一遍。预备，起！

（学生齐背）

**设计意图：**在讲解后及时让学生背诵，巩固印象，加深理解。

师："五千年历史长廊，风云变幻；五千年文化长河，源远流长；五千年历史长卷，硝烟弥漫；五千年人物长幅，千姿百态。"同学们，"文化长河"包括哪些文化？

生1：礼貌、尊敬。

师：没错，这就是古代的礼仪。

生2：语言、穿戴。

师：语言，我们说的话；穿戴，我们穿的服饰，都特别讲究，非常好！

生3：武器！

师：没错，武器也是文化的一种，还有我们听的音乐！这是什么乐器呢？（手指课件）

生4：铜钟！

师：的确是由铜做的钟状乐器，它叫编钟，是古代乐器的一种。不难理解，音乐也是我们文化的一种。

"五千年历史长卷，硝烟弥漫。"同学们，朝代的兴起和衰落都是要经历战争的。现在中国是非常和平的，没有战争，可是世界上就不和平了，就在这一刻，有没有同学知道哪里有战争？

生5：朝鲜半岛。

生6：伊拉克和伊朗抢石油。

师：非常棒！不知道的同学，要多关注时事了哦！

**设计意图：**拓宽学生知识面，引导学生养成关注时事的自觉性。

### （三）切入故事，激发兴趣

接下来，看到这个图片，同学们能不能联想到一个故事？

生：愚公移山。

师：再想想！

生：大禹治水！

师：请你来给同学们讲一讲。

生：他们当时遭遇洪水暴发，要把小河开通让水流向大海，那么就不会有洪水了。

师：非常好！大禹当时经过家门三次都不回家，为什么呢？

生：因为他要忙于治理洪水。

师：没错，因为他要治理水患，一刻都不能耽误，否则就会有成千上万的人和房屋被淹没。

师："卧薪尝胆"这个故事，有没有同学了解？

生：这个人的国家很弱，他想让自己的国家强大起来，就经常吃一些苦的东西来提醒自己。

师：说得不错，这是越国的国王，当时他的国家没落了，他便睡在草铺上面，并且在上方挂了一个苦胆，每天睡觉前都要舔一口，以此提醒自己不能忘记耻辱，一定要振兴越国！

接下来这些故事，"李广射虎""三顾茅庐""郑和下西洋"，我们一起看视频大概了解一下，然后同学们课后再在书中找到这些故事来详细品读。

（播放视频）

**设计意图**：通过生动地介绍故事、播放相关视频以激发学生的阅读兴趣。

师：从今天开始，我们就要一起阅读有趣的《上下五千年》了。要求同学们每天保证至少30分钟的阅读，让家长把自己阅读的画面拍下来并发到阅读群，老师就会给坚持阅读的孩子加分。如果家长没空拍照的，同学们可以尝试自己记录下阅读日期、阅读时长、阅读书目，然后交给家长签名。明白的请举手！

生：（举手）明白了！

### （四）告知学生书本获取途径，打开"悦"读之门

（略）

## 二、整体阅读

学生展开整体阅读，借助互联网与家长沟通，实现家校亲子阅读。精选短信如下。

家长们下午好！通过成果展示和交流，学生的表达能力、交流能力、自信心和语文素养都得到提高；学生们通过自己的阅读成果受到老师的表扬和鼓励后，阅读兴趣和积极性都变得更加浓厚。因此希望家长们在我们接下来的课程里能够重视并监督学生们完成阅读成果的创作，相信在家长们的鼓励下，学生们一定能养成受益终身的阅读习惯！

今天的课堂改为思维导图的展示和评比，上交思维导图的同学都获得了加分奖励。我们通过投票选出了5份创意十足的优秀创作，优胜者分别是童轩、煊翔、洁嘉、绮琳、奕晨，恭喜这5位同学荣获"阅读小博士"称号以及老师颁发的表扬信，让其他同学受到了鼓舞！最后，希望家长们继续鼓励学生们把《西游记》读完，国庆假期回来后，我们将一起开始阅读《上下五千年》，感谢家长们的支持与配合！

各位家长下午好！家长的监督和加分鼓励对学生培养良好的阅读习惯是至关重要的，但考虑到很多家长比较忙碌，因此老师提出两个方案来协助家长鼓励学生阅读：

（1）家长们只要把学生阅读的画面拍摄下来并分享到阅读群，老师便会给认真阅读的学生加分奖励，家长亦可自主申报加分。

（2）如果家长无暇实施方案一，可以提醒学生自主诚实记录每天的阅读时长，下一节课交给老师代为加分。

如果家长们都能在百忙之中抽空稍加监督学生每天进行30分钟阅读的话，学生一定能感受到家长的重视，自觉养成良好的阅读习惯。感谢家长们的支持和配合，我们一起努力！

家长们早上好！昨晚自觉阅读的学生都获得了加分奖励，家长自主申报加分的审核也通过了，老师今早也在班里再次强调了一遍家长无暇拍照的学生可以自觉地把阅读时长记下来，下节课带回学校加分，学生们呼声很高，相信都会越来越棒的！

家长们早上好！在家长们的用心监督下，昨晚自觉阅读的学生都已经获得10分的加分奖励了，自主申报加分的审核也全部通过！家长们可在"综合评价"板块进行查看，没有加到分的请通知我补上。

无暇拍照和自主申报加分的家长请记得提醒孩子自主记下每日的阅读时长哦！

感谢家长们的支持与配合，我们一起努力！

老师知道有的学生周末还要忙于参加各种课外活动、兴趣班、提高班，有的学生出门休闲娱乐或者在家专心做作业，在这么充实的周末还能坚持阅读，非常难能可贵！老师决定给周末坚持阅读的学生增加额外的5分奖励，一共加15分！家长们也辛苦了！

家长们早上好！在家长们的用心监督下，上周自觉阅读的学生都已经获得相应的加分奖励了，自主申报加分的审核也全部通过！

在家长们的大力支持与配合之下，我们的阅读激励计划初有成效，好的开始是成功的一半，我们继续加油，争取阅读人数再创新高！

温馨提示：我们班明天下午就有阅读指导课，请家长们提醒自主记录阅读情况的学生把记录带回学校，我们一起验收成果！

家长们晚上好！今天在课堂上积极回答问题的同学有思阳、观昊、淑茗，值得表扬和加分奖励。同学们课堂纪律较好，个别被老师点名警告的同学后面也能自觉律己。今天了解到大部分同学都把《上下五千年》读到一半了，速度非常快！此外，上交阅读记录表的学生都已获得了相应的加分奖励，家长们的监督做得非常棒！最后通知：下一周的课堂我们将进行《上下五千年》知识竞赛，前五名将获得奖状奖励，让我们拭目以待。

## 三、深入阅读

经过整体阅读，进入知识竞赛，下面是我们的竞赛题。

在知识竞赛后，我们和家长进行了短信沟通。

家长们晚上好！今天在课堂上我们举行了《上下五千年》阅读知识竞赛来检测阅读情况，大部分学生都非常踊跃地回答问题，每个人都通过阅读得来的收获为自己赢得了不同程度的加分奖励。首先热烈祝贺我们前三名的获胜者。

第一名懿尘得分57。

第二名林航得分56。

第三名洁嘉、绮琳得分44。

表扬这几位同学。

其次得了高分的孩子还有思阳、镓聿、智棋、逸朗、俊宇、润泽、博涵、若楠等，都是我们阅读群里"出镜率"比较高的学生，再次印证了我们的阅读鼓励计划的成功。每个学生的得分均已录入评价系统，家长们可抽空查看。

温馨提示：《上下五千年》的学习已经接近尾声，接下来又到了验收阅读成果的时间啦！请家长监督孩子准备好一份阅读成果，形式可分为手抄报、思维导图、讲故事、好词好句摘抄、读后感等，下周的阅读成果分享会上和老师与同学们分享交流，我们将再次评比选出这次的"阅读小博士"，感谢家长们的大力支持！

## 四、升华阅读

### 阅读成果分享会

在阅读成果分享会后，我们和家长的短信沟通如下。

家长们大家好！昨天和今天的阅读加分与自主申报加分都已经落实，家长们可在"综合评价"板块进行查看。

今天的课堂是阅读成果的分享和评比，对比上一次，这次的阅读成果交流会效果非常好，感谢家长们的监督表扬。以下是用心准备阅读成果的同学：思颖、思阳、家轩、迪迪、博涵、伊诺、乐妍、绮琳、雨楠、懿尘、淑茗，以上同学都获得了加分奖励。其中，经过评比投票，这次赢得"阅读小博士"称号的同学是懿尘、雨楠、淑茗，恭喜这几位同学！

## 五、阅读拓展

组织学生对《上下五千年》中感兴趣的内容进行深度研究并形成文稿。对优秀学生进行颁奖。

在阅读拓展阶段，我们和家长进行了短信沟通。

　　请家长们鼓励学生准备一个阅读本，读到好词好句及时摘抄下来转化为自己的知识，或者看完故事后把自己的感想简要地记录下来。

　　家长们早上好！上周自觉阅读的学生都已经获得了加分奖励，自主申报加分的审核也全部通过！家长们和同学们都太棒了！

# 小学语文课外阅读检测题

## 一、叙事类与文学类文本（共两篇）

### 1. 叙事类文本

#### 小奇傻不傻

任大霖

小奇是个聪明的孩子，功课也挺好，可是，有时候又有点傻乎乎的。

有一次，邻居阿婆送给小奇一块冰砖，嘱咐他："快吃，孩子。"小奇把冰砖放在碗里，用小调羹尝了一口，啊，真好吃！这么好吃的东西，他舍不得吃掉，最好等妈妈回来，跟妈妈一起吃，你一口，我一口，多么开心！

小奇把冰砖放进柜里，坐在门口等妈妈。过了很久，妈妈才回来。小奇高兴地叫着："妈妈，快吃冰砖，是邻居阿婆给我的。"他把冰砖拿来一看，愣住了。哪里还有什么冰砖！碗里只有小半碗牛奶哩！

妈妈过来一看，笑着说："啊，冰砖早化了。傻孩子，你干吗不自己吃呢？"

小奇抓着头皮说："我光想着跟妈妈一起吃，忘了冰砖会化的。"

有一次，妈妈快下班的时候，天下起雨来。小奇正跟小朋友打三毛球，便赶紧放下球板，说："我给妈妈送雨伞去。"

小奇拿了一把伞，跑到公共汽车站那儿，等妈妈回来。等了一辆又一辆，妈妈还没有回来。

风，大起来了。

雨，密起来了。

小奇动也不动，等着等着，每来一辆车，就睁大眼睛瞧着车门。

等到第七辆，车门开了，妈妈从车上跳了下来。

"妈妈！"小奇跳起来，高声叫着，"雨伞，给你！"

妈妈接过伞，高兴地笑了。她打起伞，拉过小奇，说："好孩子，快回家。"

这时，妈妈忽然发现小奇的头发和身上都有点湿，而雨伞却是干的。她奇怪地问："刚才，你为什么不打伞？"

小奇说："伞是给你的。"

妈妈说："你不能打着伞等我吗？傻孩子！"

小奇又抓着头皮说："我光想着给妈妈送伞，忘记自己被雨淋了。"

小朋友，你说小奇傻不傻呢？

请同学们阅读短文后，进行阅读闯关：

（1）小奇又抓着头皮说："我光想着给妈妈送伞，忘记自己被雨淋了。"这句话中的"光"字应选择的正确解释是（　）。

A.光滑　　　　　B.光彩　　　　　C.明亮　　　　　D.只，单

参考答案：D

**设计意图**：推断重要词语的隐含意思。

（2）判断下面说法的正确与错误。（对的打"√"，错的打"×"）

① 妈妈说："你不能打着伞等我吗？傻孩子！"这句话是妈妈在批评小奇。
（　　）

② 他把冰砖拿来一看，愣住了。是因为小奇根本不知道冰砖会化。（　　）

③ "雨伞却是干的"是因为小奇光想着给妈妈送伞，忘记自己被雨淋了。
（　　）

参考答案：①（×）；②（×）；③（√）。

**设计意图**：推论文本潜在表达的信息，推断人物隐含的情绪、态度。

（3）短文重点讲小奇的几件事情是（　）。

A.邻居阿婆送给小奇一块冰砖

B.小奇留着冰砖与妈妈一起吃

C.小奇跟小朋友打三毛球

D. 小奇雨天给妈妈送伞

参考答案：B、D

**设计意图：** 厘清内容层次，把握文本的整体信息。

（4）认真读读下面这句话，你可以从中抓住哪些词语体会出小奇当时的心里很着急？请用"△"标记出来。

小奇动也不动，等着等着，每来一辆车，就睁大眼睛瞧着车门。

参考答案：小奇动也不动，等着等着，每来一辆车，就睁大眼睛瞧着车门。

　　　　　　△△△△　△△△△　　　　　　　△△△△△

**设计意图：** 解释文本的表达手法。

（5）在故事中，"傻"的意思是（　　）。

A. 不聪明　　　　B. 实心眼　　　　C. 头脑糊涂

参考答案：B

**设计意图：** 概括文章中心主旨。

（6）发生在小奇和妈妈之间的两个小故事都用"小奇抓着头皮说"的那句话作为结尾，句式也完全相同，这样的写法有什么好处？

_____

_____

参考答案：这样的写法把两个故事很自然地结合在一起，也很明白地告诉了我们究竟"小奇傻不傻"的答案。

**设计意图：** 评价文本的表达技巧。

（7）小朋友，你说小奇傻不傻呢？

_____

参考答案：小奇不傻，他只是爱自己的妈妈。

**设计意图：** 阐述个人独特的感悟。

（8）你身边有"小奇"吗？读了这个故事，你会怎么想？怎么做？请写一写。

_____

_____

_____

参考答案：略（属于开放性习题，学生可以根据生活实际回答）。

设计意图：为事件提供一个有新意的见解。

## 2. 文学类文本

### 不喜欢

谢明芳

有一只小花猫，它有一个口头禅。

"我不喜欢白天，不喜欢晚上。"

"我不喜欢花，不喜欢叶子。"

"我不喜欢……，我不喜欢……"

小花猫常把"不喜欢"挂在嘴边，所以大家为它取了一个绰号叫"不喜欢"。

"嘿！'不喜欢'。"小松鼠把小花猫叫住，说，"星期天大家准备做个大蛋糕聚餐，你要不要和我一起去采果子呢？"

"我不喜欢聚餐，我不喜欢采果子。"小花猫说完，掉头就走了。路上它又遇到袋鼠先生。

"星期天的聚餐，'不喜欢'你也一起来吧！"袋鼠先生和气地说，"那天我负责打蛋白、和面粉，也许你可以来帮帮我。"

"我不喜欢聚餐。"小花猫虽然有些心动，但还是顺口说了"不喜欢"。

袋鼠先生有些失望地走了。小花猫独自坐在树下想："我可以自己采果子，自己打蛋白、和面粉，我才不稀罕和它们一起做蛋糕呢！"小花猫故意装作无所谓的样子。

"'不喜欢'！"小猪跑来告诉小花猫，"星期天的聚餐，我负责烤蛋糕哦！大家都欢迎你，你也一起来吧！"

"我不喜欢和大家一起做蛋糕，一起吃蛋糕！"

"我可以自己烤蛋糕，自己吃蛋糕，我才不稀罕和大家在一起。"小花猫自言自语地说，"反正，我一直都不喜欢，不喜欢……"

星期天到了，森林里好热闹哦！动物们有的爬上爬下忙着摘树上的果子，有的沾了满脸满手的面粉，有的跑来跑去忙着捡柴火烤蛋糕……

小花猫也在森林的另一个角落，做自己的蛋糕。

"我不喜欢和大家在一起。"嘴里虽然这样说，但这时的小花猫一点也不快乐。

"哇！香喷喷的蛋糕烤好喽！"动物们围着圆桌上的大蛋糕，高兴地拍手欢呼。

香甜可口的果子和细细软软的蛋糕，大家吃得好高兴。

"'不喜欢'！"白兔叫了一声，原来小花猫拿着自己的蛋糕，不知何时，站在大树下，看着大家。

"来嘛，'不喜欢'，你也一起吃吧！"松鼠说。

"我不喜欢……"大家都静下来，仔细听——

"我不喜欢一个人吃蛋糕。"小花猫鼓起勇气说。

大家听完都高兴地笑了，虽然小花猫仍然改不掉"不喜欢"的口头禅，但是大家还是一样喜欢它、欢迎它。

请同学们阅读短文后，进行阅读闯关。

（1）短文中的"不喜欢"指的是（　　）。

A.松鼠　　　　B.袋鼠　　　　C.小花猫　　　　D.小猪

参考答案：C

**设计意图**：找出代名词的指代对象。

（2）判断下面说法的正确与错误。（对的打"√"，错的打"×"）

①"我不喜欢聚餐。"是说小花猫的的确确不喜欢聚餐。（　　）

②"我可以自己采果子，自己打蛋白、和面粉，我才不稀罕和它们一起做蛋糕呢！"是说小花猫的的确确不喜欢和动物们一起采果子、做蛋糕。（　　）

③"我不喜欢和大家在一起。"是说小花猫的的确确不喜欢和大家在一起。
（　　）

参考答案：①（×）；②（×）；③（×）。

**设计意图**：推论文本潜在表达的信息，推断人物隐含的情绪、态度。

（3）短文告诉我们的一个小道理是（　　）。

A.我们都需要朋友的帮助、关心

B.与朋友在一起才会开心、快乐

C.只有交到真正的朋友才会幸福

参考答案：C

**设计意图**：概括文章中心主旨。

（4）请用"//"将短文划分为两大部分。

参考答案：有一只小花猫……所以大家为它取了一个绰号叫"不喜欢"。//

"嘿！'不喜欢'。"小松鼠把小花猫叫住……大家还是一样喜欢它、欢迎它。//

**设计意图**：厘清内容层次，梳理文章的顺序，可以通过划分段落层次来实现。

（5）"'我不喜欢……'大家都静下来，仔细听——"在这里，破折号的作用是（　　）。

A.表示解释说明

B.表示语义的延续

C.补充说明

参考答案：B

**设计意图**：解释文本的表达手法与特点。

（6）小朋友，你喜欢"不喜欢"吗？为什么？

参考答案：略（属于开放性习题，学生可以根据生活实际回答）。

**设计意图**：阐述个人独特的感悟。

（7）"不喜欢"故意装作无所谓的样子。为什么它要这么做呢？

参考答案：其实"不喜欢"心里还是很想与动物们一起聚餐的，就是口头禅让它又说了一次"不喜欢……"。

**设计意图**：评价文章中人物形象的情感态度。

（8）你身边有"不喜欢"吗？读了这个故事，你会怎么想？怎么做？请写一写。

参考答案：略（属于开放性习题，学生可以根据生活实际回答）。

设计意图：为事件提供一个有新意的见解。

## 二、说明类与议论类文本（共两篇）

### 1. 说明类文本

#### 昆虫的伪装战术

泓灏

种类繁多的昆虫，之所以能在自然界中长期生存下来，除了具有惊人的繁殖力和丰富的食料外，还因为它们有一套伪装本领。

有些昆虫有巧妙的隐身术，比如蚱蜢，它的体色常能随着栖息环境的变化而变化。当它生活在青草地时，就穿一身绿衣服；如果迁徙到枯草丛中，就披上黄色衣服。还有一种土蝗，全身泥土色，它们常栖息在田野上，很难找到踪迹。人体上的"吸血鬼"——虱子，寄生在人的头发中时，呈黑色；寄居在人的身体上，又渐渐变成近于肤色了，所以不易发现。这种隐身术是因为昆虫具有保护色的原因。

有些昆虫还会用色彩来吓唬侵犯者。如花斑牛虻，它的体色很像有尖刺的蜜蜂。天敌碰到它们时，以为蜜蜂来了，便不敢轻举妄动。有些金花虫和瓢虫的翅膀，有特殊显眼的斑纹和光泽，使鸟类和其他食虫动物吓得不敢接近。这是昆虫的又一种保护色——警戒色。

有的昆虫善于模仿别的生物形态，以假乱真，迷惑敌人。如竹节虫停歇在竹枝上，几乎同竹枝一模一样。枯叶蝶的翅膀正面非常美丽，停歇时翅膀合拢竖起呈灰褐色，简直与枯叶难分真假。热带叶蝗的翅膀与绿叶非常相似，看上去俨然一片叶子。这些都是昆虫的另一类伪装。

有些昆虫在碰到天敌时，采取一种临时伪装——装死。夏夜，人们常可以看到金龟子碰墙跌落在地，装死不动，趁四周没动静再恢复活动。尺蠖虫能模拟枯枝，身子僵直不动，若是谁去碰它一下，便跌落在地，装得像死了一样。

昆虫的伪装越巧妙，鸟儿的眼睛相应也越锐利，这就是生存竞争。正因为这样的生存竞争，世界上的生物才能得以不断进化发展。

请同学们阅读短文后，进行阅读闯关。

（1）昆虫能在自然界中长期生存下来的原因有（　　）。

A.惊人的繁殖力　　　　　B.丰富的食料　　　　　C.伪装本领

参考答案：A、B、C

**设计意图：** 获取文本直接表达的事实、关系、观点和论据等信息。

（2）判断下面说法的正确与错误。（对的打"√"，错的打"×"）

① 蚱蜢具有保护色。　　　　　　　　　　　　　　　（　　）

② 花斑牛虻具有保护色。　　　　　　　　　　　　　（　　）

③ 竹节虫具有保护色。　　　　　　　　　　　　　　（　　）

参考答案：①（√）；②（√）；③（×）。

**设计意图：** 推论文本潜在表达的信息。

（3）请用直线将昆虫与伪装战术连起来。

尺蠖虫　　　　　　　　　　警戒色

热带叶螳　　　　　　　　　模拟叶子

金花虫　　　　　　　　　　装死

虱子　　　　　　　　　　　保护色

参考答案：

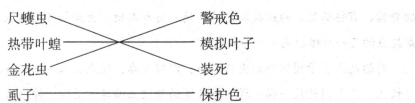

设计意图：找出说明事物特点的关键词句。

（4）短文中的第2~5自然段的逻辑关系是（　　）。

A.递进关系　　　　　B.因果关系　　　　　C.并列关系

参考答案：C

**设计意图：** 理解文本的内容层次及段落之间的逻辑关系。

（5）短文主要讲的是（　　）。

A. 有些昆虫有巧妙的隐身术

B. 有的昆虫善于模仿别的生物形态

C. 昆虫在碰到天敌时采取伪装——装死

D. 昆虫的伪装越巧妙，鸟儿的眼睛相应也越锐利，这就是生存竞争

参考答案：D

设计意图：概括文本的主要观点。

（6）枯叶蝶具有的伪装术是（　　）。

A. 有些昆虫有巧妙的隐身术

B. 有的昆虫善于模仿别的生物形态

C. 昆虫在碰到天敌时采取伪装——装死

参考答案：B

设计意图：借助关键词语归纳说明事物的特点。

（7）请联系生活实际谈谈你对"正因为这样的生存竞争，世界上的生物才能得以不断进化发展"这句话的理解。

_____

_____

参考答案：略（属于开放性习题，学生可以根据生活实际回答）。

设计意图：联系事物的特点，结合实际谈感悟。

（8）昆虫的伪装战术能否运用到军事中？写一写自己的见解。

_____

_____

参考答案：略（属于开放性习题，学生可以根据生活实际回答）。

设计意图：运用文本有关观点或信息解决新问题。

**2. 议论类文本**

### 战胜自己

初宇

真正的成功，不在于战胜别人，而在于战胜自己。

从小我就崇拜一个又一个战胜别人的强者，我崇拜征战沙场，踏着血泊穿过硝烟的将军；崇拜技巧娴熟，运用力量、柔美战胜世界劲敌的运动员，太多太多……

可随着日益长大，发现战胜自己才应该充当社会的主流，成为我的奋斗目标。保尔·柯察金战胜了自己，让世人看到了他那钢铁般的意志；张海迪全身高位截瘫，自学了四门语言，成了著名的作家……这样的例子在过去、现在都比比皆是，他们之所以取得成功，都与他们战胜自己分不开。

战胜自己需要勇气。司马迁受宫刑，仍然坚强不屈，完成了巨著《史记》。战胜自己要比战胜别人难得多，因而战胜自己，就要有坚忍不拔的意志，要有根深蒂固的信念，要有在逆境中成长的信心，要有在风雨中磨炼的决心。战胜自己并非易事，所以我们要培养战胜自己的目标、决心、能力及克服困难的勇气。

战胜自己，要不断总结，想出解决的方式。著名的作曲家贝多芬一生有许多不朽之作，但很多有激情的曲目都是在他失聪后创作的。失聪，就预示着一个音乐家音乐生命的结束，然而，贝多芬想出了战胜自己的方式：通过自己对音乐的认识，自己在脑中创作，手上弹奏，再用手触摸五线谱的木板，往上写，他完成了《命运交响曲》。他战胜了自己，是顽强的意志、自己想出的方法帮助了他。所以，为了战胜自己，我们要总结。

战胜自己才能激发生命的活力。无论是健全的身躯，还是残缺的臂膀；无论是优越的条件，还是困窘的环境，我们都要战胜自己。战胜自己，要有奋发的勇气，要有克服困难的意志，同时还要不断总结，找出通向成功的途径。

朋友，不要把战胜别人看得太重，最大的胜利便是战胜自己。让我们"战胜自己"！

（1）请用横线画出短文的中心句。

参考答案：真正的成功，不在于战胜别人，而在于战胜自己。

**设计意图：**辨识明确写出来的主题句。

（2）请将短文中列举的人物与人物所做的事情用直线连起来。

司马迁　　　　　　完成了《命运交响曲》

贝多芬　　　　　　成了著名的作家

张海迪　　　　　　完成了巨著《史记》

参考答案：

司马迁 —— 完成了巨著《史记》
贝多芬 —— 完成了《命运交响曲》
张海迪 —— 成了著名的作家

**设计意图：** 获取文本直接表达的事实、关系、观点和论据等信息。

（3）请用波浪线画出作者"战胜自己"的两个秘诀。

**参考答案：** 战胜自己需要勇气。战胜自己，要不断总结，想出解决的方式。

**设计意图：** 找出说明事物特点的关键词句。

（4）短文中的第4自然段与第5自然段的逻辑关系是（　　）。

A.递进关系　　　　B.因果关系　　　　C.并列关系

**参考答案：** C

**设计意图：** 理解文本的内容层次及段落之间的逻辑关系。

（5）"战胜自己才能激发生命的活力。无论是健全的身躯，还是残缺的臂膀；无论是优越的条件，还是困窘的环境，我们都要战胜自己。"这句话中用了哪些事物进行对比？下面选项中正确的答案是（　　）。

A."生命的活力"与"残缺的臂膀"进行对比

B."健全的身躯"与"残缺的臂膀"进行对比

C."优越的条件"与"困窘的环境"进行对比

D."无论是健全的身躯，还是残缺的臂膀"与"无论是优越的条件，还是困窘的环境"进行对比

**参考答案：** B、C

**设计意图：** 理解文本的内容层次的逻辑关系。

（6）请概括短文的主要内容：

_____

_____

**参考答案：** 短文通过具体的事例论证了战胜自己，要有奋发的勇气，要有克服困难的意志，同时还要不断总结，才能找出通向成功的途径。

**设计意图：** 概括文本主要内容和主要观点。

（7）你认为作者所说的"战胜自己"有道理吗？为什么？

_____

_____

参考答案：略（属于开放性习题，学生可以根据生活实际回答）。

设计意图：评价作者的态度和观点。

（8）你身边有"战胜自己"的事例吗？读了这个故事，你会怎么想？怎么做？请写一写。

_____

_____

参考答案：略（属于开放性习题，学生可以根据生活实际回答）。

设计意图：联系事物的特点，结合实际谈感悟。

# 三、非连续性信息文本（共两篇）

### 1. 非连续性信息文本（第1篇）

同学们，黄立成先生要出差，他将在网上订机票，请你一起来帮忙。

青岛到广州的机票信息

返程的信息：

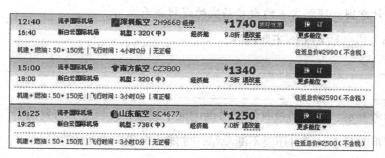

广州到青岛的机票信息

（1）黄立成先生出差的地点是从_____到_____。

参考答案：广州　青岛

**设计意图**：提取文本的一处或多处信息。

（2）黄立成先生出差的时间是从_____到_____。

参考答案：2012年7月3日　2012年7月6日

**设计意图**：提取文本的一处或多处信息。

（3）黄立成先生已经选择了"去程"，飞机飞行的时间是（　　）。

A.两小时　　　　B.三小时　　　　C.四小时

参考答案：B

**设计意图**：推断文本潜在表达的信息。

（4）黄立成先生已经选择"去程"的航空公司是（　　）。

A.山东航空　　　B.南方航空　　　C.深圳航空　　　　D.东方航空

参考答案：D

**设计意图**：辨识获取文本直接表达的重要信息。

（5）如果以"往返总价最低"为选择要求，黄立成先生返程的时间是
（　　）。

A.11：45　　　　B.12：40　　　　C.15：00　　　　D.16：25

参考答案：D

**设计意图**：分析各部分之间的逻辑关系。

（6）如果以"有正餐"为选择要求，黄立成先生返程的时间是（　　）。

A.11：45　　　　B.12：40　　　　C.15：00　　　　D.16：25

参考答案：C

**设计意图**：分析各部分之间的逻辑关系。

（7）可以选择的"返程航班"中，其中一个航班飞行的时间最长，原因是：

_____

参考答案：飞机飞行时需要经停。

**设计意图**：理解文本中关键要素的关系和作用。

（8）最终，黄立成先生确定"返程"的航空公司是南方航空，假如你是黄立成先生的秘书，你有什么要提醒黄立成先生应该注意的事项？

───────────────────────────────────

参考答案：飞机起飞的时间、机票可以"退改签"等。（属于开放性习题，学生可以根据生活实际回答）

设计意图：归纳文本的主要观点。

**2. 非连续性信息文本（第2篇）**

请看广州地铁线路的截选图，进行阅读闯关。

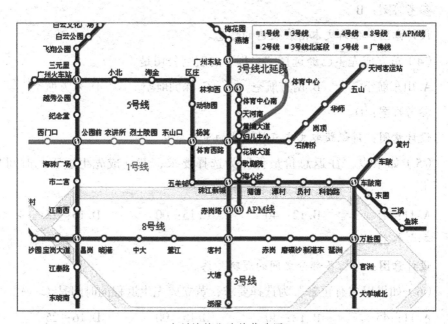

广州地铁线路的截选图

（1）图中APM线的起始站分别是从＿＿＿＿＿＿到＿＿＿＿＿＿。

参考答案：赤岗塔　林和西

设计意图：辨识获取文本直接表达的重要信息。

（2）图中灰色的线路是（　　）。

A. 1号线　　　　　B. 3号线　　　　　C. 5号线　　　　　D. 8号线

参考答案：A

设计意图：提取文本的一处或多处信息。

（3）"客村"站是（　）的交汇站。

A. 1号线和8号线

B. 3号线和8号线

C. 5号线和8号线

D. 8号线和1号线

**参考答案：** B

**设计意图：** 推断文本潜在表达的信息。

（4）判断下面说法的正确与错误。（对的打"√"，错的打"×"）

① "黄村"是4号线的起始站。　　　　　　　　　　　　（　）

② "万胜围"是8号线的起始站。　　　　　　　　　　　（　）

③ "体育西路"是1号线的起始站。　　　　　　　　　　（　）

**参考答案：** ①（√）；②（√）；③（×）。

**设计意图：** 提取文本的一处或多处信息。

（5）在广州地铁线路的截选图中，"3号线"和"3号线北延段"计2条线路，那么图中一共有（　）线路。

A. 7条　　　　　B. 8条　　　　　C. 9条　　　　　D. 10条

**参考答案：** C

**设计意图：** 概括文本的整体内容。

（6）地铁线路图一般用不同的颜色代表不同的线路，这样的作用是（　）。

A. 辨析每条线路

B. 考虑线条美观

C. 帮助色盲群众

**参考答案：** A

**设计意图：** 理解文本中关键要素的关系和作用。

（7）"大塘"到"江南西"最少需要搭乘（　）。

A. 6个站　　　　　B. 7个站　　　　　C. 8个站　　　　　D. 9个站

**参考答案：** A

**设计意图：** 分析各部分之间的逻辑关系。

（8）请结合生活实际分析"地铁"与"生活"的关系。

参考答案：略（属于开放性习题，学生可以根据生活实际回答）。
设计意图：归纳文本的主要观点。

# 适合的才是最好的

在语文学习中，在校园生活里，"适合的才是最好的"是怎样的教育故事，请听我的分享。

我有一个学生叫小泽，他是一个很腼腆的小男孩，读书的时候，普通话说得一点也不流利，还有许多发音是错的，语文学习热情也不太高。他一见到拼音就头疼，每次测验，"看拼音写汉字"基本是空白，辅导了许多次，效果始终不好。课间，我与他交流，他不太敢与我对视，似乎一点自信都没有。而一次偶然的机会，让他开始改变。

那天，我与学生们一起学习《小池》这首古诗，一开始，学生是这样读的：

泉眼无声惜细流，树阴照水爱晴柔。

小荷才露尖尖角，早有蜻蜓立上头。

语音没有问题，也很流利，但缺少的是古诗的韵味。

轻柔的音乐声响起，我朗诵着古诗，提议孩子们轻轻地闭上眼睛，想象着诗中的景色和画面。

文迪说，仿佛看到了一条小溪清澈见底，溪水静静地流淌。

家乐说，好像看到了在阳光下，一棵棵柳树的树荫遮住了水面，柳丝似乎也爱上了那个小池。

思琪说，似乎看到了荷叶刚从水面露出一个尖尖的叶角，正巧有一只玲珑的蜻蜓轻轻地落在上面。

孩子们想象出了一幅初夏荷塘的美景，随着优美的旋律，都情不自禁地朗读起来：

　　　　　泉眼无声惜细流，树阴照水爱晴柔。

　　　　　小荷才露尖尖角，早有蜻蜓立上头。

　　就在孩子们都全身心投入的情景中，我听到了一个别扭的异样的声音，是他，哦，又是小泽。我有点泄气，怎么办呢？我请小泽单独站起来，想帮帮他。他极不情愿地起立，我引导他朗读，可他却不愿意开口。"他只会说粤语。"原来是他的同桌小杰这个机灵鬼。我灵光一闪，试着让小泽用粤语来诵读这首古诗：

　　　　　泉眼无声惜细流，树阴照水爱晴柔。

　　　　　小荷才露尖尖角，早有蜻蜓立上头。

　　小泽用粤语流利地读完了小诗，课堂上响起了阵阵掌声。想不到，小泽用粤语诵读，还把古诗中特有的韵味读了出来，我好好地夸奖了小泽一番，他脸上绽放出了难得一见的笑容，尽管有点腼腆，但有了一丝得意的神色。

　　此后，我在课堂上经常给小泽机会，让他用粤语来朗读课文，不断地称赞，激发他学习语文的好奇心。渐渐地，小泽的自信心强了，与班上孩子的沟通多了，以他为中心还出现了一个粤语朗诵小组。粤语朗读，让他收获了学习的热情。小泽这样说："我喜欢唐老师读书，更喜欢唐老师教我读书。"

　　真没想到，语文课堂上的一种个性化朗读，促发了一次教育契机，唤醒了孩子的好奇心和自信心。的确，我们处在粤语的方言地区，只要我们找准孩子的兴趣点，哪怕是用粤语来学习，只要他有了学习的动力，三年、五年，孩子一定会进步，一定能健康地成长。

　　随着时代的变迁，男孩没有像以前一样调皮。在我班上的男生，有的太胆小，有的遇事优柔寡断，有的缺少阳刚之气和担当，这让我想起了孙云晓发出"拯救男孩"的呼声。针对这种情况，我在思考：孩子们需要的是什么，我能不能通过学习资源和学习活动，培育、激发他们的男子汉气概？作为语文老师的我搜寻着，教材中的素材似乎已不能满足需求了，我要开辟、整合新的校本课程资源。

　　2015年9月3日，是中国人民抗日战争暨世界反法西斯战争胜利70周年纪念日，我和学生们一起观看了《胜利与和平》文艺晚会，整场晚会以抗战重要历史为主线，融合了音乐、舞蹈、戏剧、诗朗诵等艺术手段。

尤其是那些诗朗诵，铿锵有力、气势磅礴、感召人心！受此启发，那一周的语文课外活动，我组织了一个诗文朗诵活动，有所有孩子的合诵，有男女生的对诵，有男生的独诵，还有普通话或粤语的朗诵。你听：

"我/用残损的手掌摸索/这广大的土地"，这是戴望舒所书写的悲壮！

还有《大刀向鬼子们砍去》的勇敢，毛泽东《七律·长征》的豪迈！

更有《男儿当自强》的担当：

粤语朗读：

> 傲气面对万重浪
>
> 热血像那红日光
>
> 胆似铁打
>
> 骨如精钢

普通话朗读：

> 做个好汉子
>
> 每天要自强
>
> 热血男儿汉
>
> 比太阳更光

孩子们通过入情入境的朗诵，体会到了幸福、和平的来之不易；男孩子们的心中涌起了男儿当自强的好奇心，勇敢好少年的中国梦！

朗读本来是我和不少语文教师生命中一种很诗意的阅读，它可以让我们精神饱满、内心丰富；如今，朗读不仅仅是一种符合语文学习规律的教学手段，更是一种唤醒人的教育理念。与其说粤语朗读让小泽喜欢上了语文，不如说粤语朗读的教学方法适合小泽的发展；与其说诗文朗读活动让男孩子们更有男子汉的气概，不如说所选诗文的校本教材适合男孩子们的发展。在座的各位老师擅长的或许是唱歌，是画画，是组织游戏，那就让我们发挥出自己的特长，找准孩子们的需求点，善用教学方法，重构校本教材，加以浇水、施肥、灌溉，静待花开。

只要是适合孩子们健康成长的、适合孩子们核心素养发展的，我们就去做！适合的才是最好的，这将是我作为一位语文教师乐此不疲的教育实践。

# 诵读推动课外阅读　美文提升学生素养

## ——《七彩光小学生诵读》（一年级）课外阅读指导课

阅读内容：《七彩光小学生诵读》（一年级）"晨读晚诵系列"

适用年级：一年级

## 【教学背景】

为提高学生阅读的兴趣、朗读的水平，提升小学生的欣赏品位、审美情趣和文学艺术修养，丰富校园人文底蕴，营造书香校园的读书氛围，推动全民读书的热潮，广州市小学语文教学研究会组织开展"晨读晚诵·小学生美文诵读"活动，番禺区小学语文科举行"晨读晚诵·小学生美文诵读"评比活动。本专题就是结合此契机，开展了《七彩光小学生诵读》（一年级）"晨读晚诵系列"课外阅读的指导，鼓励一年级学生从小开始阅读美文，指导学生掌握基本的阅读方法，养成良好的阅读习惯，从而提升学生的语文素养。

## 【教学目标】

（1）激发学生阅读美文的兴趣，感受诵读的美妙。

（2）指导学生掌握基本的阅读方法，养成良好的阅读习惯。

（3）感悟美文中所蕴含的美妙情感及现实意义。

## 【教学重难点】

教学重点：让一年级学生掌握基本的阅读方法，养成良好的阅读习惯。

教学难点：通过诵读推动学生课外阅读，让美文提升学生的素养。

## 【教学方法】

阅读演示法、情境教学法、启发式教学、探究式教学。

## 【设计思路】

课外阅读指导课注重阅读兴趣的激发，通过音乐、课件PPT的情境创设、游戏，让课堂有游戏性、趣味性。教师通过点拨，巧妙地让学生感知诵读的乐趣，接触到一些比较常见的阅读方法，以便走进更加广阔的课外阅读世界。

## 【教学过程】

### （一）创设情境，认识封面

（1）出示名言"书籍是人类进步的阶梯"。

（2）展示封面，引导学生发现。

（3）教师小结：看封面，从中了解到书名、作者等信息，这是读书的一种方法。（板书：封面）

设计意图：阅读需要讲求一定的方法，而学生的阅读往往是处于无计划、无序、无方法的状态中，因此，教师的阅读指导相当重要，一年级学生更需要教师的指导。教会学生看封面，能提升学生迅速提取文字信息的语文素养。

### （二）"编者的话"，了解目录

（1）课件PPT引导，与孩子一起阅读"编者的话"。

（2）看书前，我们可以先通过目录来了解一些信息，这又是读书的一种方法。（板书：目录）

（3）开火车读目录，边读边听边想：你对哪个章节感兴趣。

（4）学生独立思考。小组交流、全班交流。

设计意图：指导学生课外阅读，必须做到质和量相统一：既要让他们完成量的规定，又要让他们在阅读中真正受益，努力使每一次阅读都成为丰富语言、激励精神的有效阅读。教会学生看目录，能让学生提升筛选信息的语文素养。

### （三）指导阅读，选读内容

（1）阅读才是读一本书最重要的环节。（板书：阅读）

（2）我们一起走进第一单元"稚趣童年"。

（3）听音频，想画面。

（4）指导诵读。

（5）教师：示范朗读。

（6）配乐：学生诵读。

（7）谈自己诵读后的感受。

（8）概括读书的方法。（精读、速读。当读书过程中遇到不认识的字或不懂的词语时，可以问爸爸妈妈，问同学老师，查字典，联系上下文理解……）

（9）小结：通过诵读，书中的人物就好像活过来了一样，情节也更生动了，我们仿佛身临其境，这样读书才会越读越有趣呢！

**设计意图**：引领学生读书有"三性"：目的性、层次性、指导性。也就是说，通过每次让学生读书都有明确的目的，每次读书都有深一层次的认识，让每一次读书都有效果。诵读能给我们的心灵插上飞翔的翅膀，在诵读的过程中，我们不仅丰富了语言的积累，培养了良好的语感，也让语言与思维、情感共振共生，从而提升语文素养。

**（四）拓展阅读，延续兴趣**

（1）表扬一批"阅读小明星"。

（2）展示名言：歌德说过，"读一本好书，就如同和一个高尚的人在交流"。

（3）提倡亲子阅读，美好祝愿。

**设计意图**：通过激励的作用，驱使学生奋发向上、锐意进取，不断阅读书籍，为父母创造与孩子沟通的机会，分享读书的感动和乐趣；以书为媒，以阅读为纽带，营造书香家庭。

## 【教学总结】

### 诵读推动课外阅读　美文提升学生素养
——《七彩光小学生诵读》（一年级）课外阅读指导教学

一年级学生，好奇多问，对一切新事物都感到爱好。好奇心是求知欲望的具体表现，诵读也是孩子们最喜欢的一种读书方式。

本节微课的目的是用诵读推动课外阅读，用美文提升学生素养。古人曾说，"文章读以极熟，则与我为化，不知是人之文、我之文也"，通过诵读，我们必将达到"使其言皆若出于吾之口，使其意皆若出于吾之心"的境界。

### 1. 授之以鱼

现在是信息爆炸的时代，有大量的书籍和文章，而且来源和种类都非常多元，在可供选择的读物太多的情况下，家长和老师或许都会有无所适从的感觉，不知道怎么下手挑选，也不知道要选择什么类型的读物对孩子来说会比较有帮助。《七彩光小学生诵读》是按年级编排，便于不同年龄段的孩子选择阅读，而且每一个年级就是一个主题，自成系列。这样的好书应推荐给孩子们。

### 2. 授之以渔

阅读需要讲求一定的方法，而学生的阅读往往是处于无计划、无序、无方法的状态中，因此，教师的阅读指导相当重要，一年级学生更需要教师的指导。教会学生看封面，能提升学生迅速提取文字信息的语文素养。一年级学生的目光特别敏锐，从课堂的表现看，学生一下子就能捕捉到重要的信息，真是一件可喜的事情。

指导学生课外阅读，必须做到质和量相统一：既要让他们完成量的规定，又要让他们在阅读中真正受益，努力使每一次阅读都成为丰富语言、激励精神的有效阅读。教会学生看目录，能让学生提升筛选信息的语文素养。目录具有检索功能、报道功能、导读功能，一年级学生如能掌握这一阅读方法，则对他们日后阅读有着相当重要的作用。

引领学生读书有"三性"：目的性、层次性、指导性。也就是说，通过每次让学生读书都有明确的目的，每次读书都有深一层次的认识，让每一次读书都有效果。诵读能给我们的心灵插上飞翔的翅膀，在诵读的过程中，我们不仅丰富了语言的积累，培养了良好的语感，也让语言与思维、情感共振共生，从而提升语文素养。从微课中的学生来看，学生们是喜欢诵读的，让我们做一名使者，帮助孩子们进入朗读的圣殿，推开阅读的大门，用诵读推动课外阅读，用美文提升学生素养。

### 3. 授之以欲

我们通过激励的作用，驱使学生奋发向上、锐意进取，不断阅读书籍，为父母创造与孩子沟通的机会，分享读书的感动和乐趣；以书为媒，以阅读为纽带，营造书香家庭。

吉姆·崔利斯《朗读手册》上有这样一段话："你或许拥有无限的财富，一箱箱珠宝与一柜柜黄金。但你永远不会比我富有，我有一位读书给我听的妈妈。"在学生的课外阅读当中，亲子阅读所起到的重要作用是不可估量的。我们一定要相信家长、相信孩子，在阅读的海洋中，所有的朋友都会扬帆起航，驶向成功的彼岸。

# 我的教学风格：激情生情 以情动人

**我的教学思想**：修于行，无止境，精心于课堂、醉心于积淀，携爱而行，与学生一同踏上成功的阶梯。

有多少清晨，和学生一起注视着国旗冉冉升起；有多少白天，不知疲倦地奔波于课堂内外；有多少夜晚，在灯下批改作业、精心备课、苦读书籍……在繁忙的工作中，我逐渐褪去了一脸稚气，变得成熟和稳重。我喜欢这种成长的感觉，虽然辛苦和疲惫，但更多的是在付出的同时体验到成功和喜悦。这种感觉就像冬日里的一缕阳光，让我感到无比的温暖而舒畅。

## 1. 初出茅庐

翻开当年的备课本，看着蓝色的笔迹，红色的批注，那丝丝苦中有乐的滋味涌上心头……精心备课是教学工作的第一步，我认真地备学生、备教材、备教法、备程序、备练习、备拓展……往往40分钟的一节课，我花两个多小时来准备。这项工作既艰苦又细致，非下一番苦功不可，但我觉得值得。

曾记得，毕业班成绩即将出来的那一刻，我两眼死死地盯着打印机打出来的成绩，心里忐忑不安，最终全部及格，成绩非常好，心中才放下大石，"呵呵，终于可以向学校交差了！"这一份满意的答卷，让我更有信心地践行我心中的教育之路。

## 2. 如鱼得水

在教学工作中，我认真学习新课标，努力探索全新的教学艺术，逐步形成了自己独特而鲜明的教学风格。我注重培养学生独立阅读的能力，重视情感体验和知识的积累；引导学生形成良好的语感，并能初步理解、鉴赏文学作品，接受高尚情操与趣味的熏陶，从而丰富了学生的精神世界。在课堂教学中，思路开阔，教法灵活，将教学语言的抑扬顿挫和高低缓急处理得恰如其分，运用深厚的知识功底，旁征博引，高屋建瓴，注重向学生提供新的知识信息，使得教学的趣味性和深刻的知识内涵相得益彰。台上一分钟，台下十年功，课堂就是教师的舞台。上公开课对教师来说就是一次凤凰涅槃的过程，犹如春蚕蜕皮，痛苦并快乐着，在脱胎换骨中获得新生。我从工作以来，珍惜每次上公开课的机会，不断在上公开课的过程中锻炼自己，也感谢给予我许多帮助的老师们。

2001年11月，我在广州市番禺区"以读为本，实现主动探究"的研讨活动中展示了古诗教学课例《暮江吟》，课例中运用图片、音乐等多媒体创设情境，教会学生运用学法学习古诗，学生在课堂中的大胆想象得到听课者的称赞，此课例还获得广州市第二阶段教学实施优秀教学成果奖。

2002年11月，我执教的阅读教学课例《颐和园》在番禺区"阅读教学要以读为本"课题研讨活动中展示，课例让学生多层次、多角度地阅读，从而体会作者按游览顺序写的方法，真正做到在读中悟、读中品，收到良好的教学效果。

2003年11月，我执教的阅读教学课例《可爱的草塘》在北京教育学院专家到校参观及听课活动中展示。

2004年5月，我的阅读教学课例《丰碑》获番禺区基础教育课程改革优秀教学案例二等奖；11月，文言文课例《学弈》作为"番禺区教学新秀语文学科一等奖"的汇报课例展示，课例注重激发学生学习文言文的兴趣，教会学生学习文言文的方法，课例的展示给全区语文教师做了一次"文言文该如何上"的范例。

2005年5月，我的作文课例"我发现了……"在番禺区作文教学研讨活动中展示，课例分为导写部分和评讲部分，两部分都让学生逐步提高，确确实实地有所收获，此课例还获得广东省首届青年教师作文教学一等奖。2004年，我荣获"番禺区优秀教师"称号，并被授予"广州市优秀教师（教育工作者）"称号。

**3. 一身是胆**

"成功的人，都有浩然的气概，他们都是大胆的、勇敢的。他们的字典

中，是没有'惧怕'两个字的，他们自信他们的能力是能够干一切事业的，他们自认他们是个很有价值的人。"（戴尔·卡耐基）

2005年，我到市桥横江民生小学支教一年。我的才华与苦干精神给这所乡村小学的师生们留下了难忘的印象。

2006年，我被调往市桥东沙小学任教导主任。从城区学校到村校，感受很多很多。仅仅的几公里路，学校办学的条件有着颇大的距离，家长培养孩子的意识有着一定的差距，学生所得到的知识有着不同的层次。看着学生那一双双求知的眼睛，我知道自己要做的就是将自己的那一点似乎还行的教学功力施展出来，尽量让自己所带的学生更快更好地成长。在担任教导主任后，自我感觉不仅要顾及自己的这一小片天地，更重要的是配合校长开展好学校的各项工作，要关注学校最中心的工作——教学质量，关注学校的方方面面。知道自己要做些什么了，就在一点点地适应，由关注语文一科的教学转向了关注三门主科的教学，转向了了解其他学科开展的情况；由关注一个班的班务工作转向了关注全校德育工作建设的情况、教学工作发展的方向。这一切都在无声无息地发展着、进行着，自己也在适应着。

自2006年以来，我的个人研修一直没有停步。2006年至2008年，参加中山大学"教师专业发展行动研究——番禺区语、数、英骨干教师高级研修班"学习；2008年至2009年，参加"广州市首批基础教育系统市级骨干教师"培训班学习；2009年至2011年，参加"广东省中小学骨干教师省级培训班"学习；2013年至2016年，参加广州市"新一轮百千万名教师"培训。这一次又一次的学习，既有观念上的洗礼，也有理论上的提高；既有知识上的积淀，也有教学技艺的增长。我是幸运的，这些培训活动不但使我学有所长，也给了我一个锻炼自己的平台。对于培训给予的清泉，我要让它细水长流，我也坚信自己在教育天地中会走得更宽、更远。

在语文教学实践中，我遵循学生的成长规律、认知规律，运用"品文生情抒自心"的教学策略，逐步形成"激情生情 以情动人"的教学风格。我通过品读文本，积累语言；通过品味语言，感悟文本语言所蕴含的思想与情感。这样的由品"文"而生"情"，不仅落实了语言感悟能力的训练，审美和思辨能力的训练，也落实了语文的"工具性"；而且在品味语言的过程中，感悟文本语言所蕴含的思想与情感，使学生的思想情感受到熏陶和感染，也就使"人文性"有了着落。在充分阅读的基础上，提倡进行书面语言的训练和指导，实现学生"抒自心"，突出语文的"实践性"。"品文"和"生情"相融合，最终落在"写"的训练点上，工具性与人文性相统一，这才是语文课的语文味儿，才能提高学生的阅读理解能力和写作表达能力，才会促进学生语文素质的全面提高，才是阅读教学的有效课堂模式。

2007年，在市桥中心小学承担了市级研讨课《生命　生命》，在人教版小学语文实验教科书六年实验工作中被评为"全国优秀教师"；我撰写的《跨越海峡的生命桥》在广州市小学语文"有效教学"教学设计评比中荣获一等奖；"积累语言　加强运用——《飞向蓝天的恐龙》教学案例"在广州市小学语文"有效教学"教学案例评比中荣获二等奖，在广州市小学语文"有效教学"录像课评比活动中荣获一等奖。

2009年6月，《在农村小学阅读教学中学生的有效参与及策略研究》在广州市小学语文"有效教学"论文评比中获二等奖，获首届"广州市小学语文优秀青年教师"称号；《课内开花课外香——汉语拼音教学研究与实践》获得广东省汉语拼音教学论文评比三等奖，获得广州市中小学教师中华经典诵读大赛（诗词组）二等奖，获得广东省首届美文诵读比赛散文组一等奖。

2010年4月，在"广州市小学语文构建学习型课堂"教学研讨会上执教课例《惊弓之鸟》。

2011年，《"以写为中心"的阅读教学策略的行动研究》通过了专家组的论文答辩，获得省骨干教师培训优秀论文奖。

2012年5月至今，我担任农村教师专项培训"唐滔名教师工作室"的负责人，培训项目：广州市北部山区农村中小学教师小学语文学科带头人培训。

2013年，在广州市小学生"科学家与科学发现（发明）"课外阅读活动中被评为优秀指导老师。我申报的课题"小学语文'阅读指导'有效教学策略的案例研究"获得广州市的青年专项课题立项，课题批准号为12B134。在番禺区组织的全区小学语文学科教研活动中，主讲了《基于研学后教的语文"阅读指导"》教学讲座。

### 4. 超轶绝尘

我坚信教师的一言一行，在很大程度上会影响学生看世界的方式，所以我身体力行，做学生的榜样，让学生用自己的双眼和行动去真正感受身边的一切，能在以后实现个人真正的人生价值。

2014年，我回到了市桥城区学校担任副校长一职。在市桥富都小学，我将继续奔跑，迎接美好的未来，为更多的孩子创造更大的幸福。2013年12月，我被评为广州市番禺区教育系统第二届名教师；2014年12月，《角色朗读的四步教学法在阅读指导中的应用——以小学语文〈惊弓之鸟〉教学为例》刊登在《教学研究与管理》上。

2015年1月，论文《"家校互动教育文化场"促学生全面发展》刊登在《师道·教研》上，荣获番禺区教师绿色经典读书活动《我和书的故事》征文一等奖；辅导学生黎俊尧在广东省中小学第七届"暑假读一本好书"活动中荣获三等奖，辅导学生卢明远在"读优秀经典书籍做诚信少年"市桥城区中小学生读书活动荣获读后感征文 ·等奖。

2016年，"小学阅读教学的十种读诵模式"获得广州市教学成果一等奖。"精彩纷呈综合实践活动课程微电影"获广州市首届青少年乐创空间我行我秀科技主题实践活动番禺区预选赛创意设计与制作作品类成果一等奖。研究成果《小学语文阅读指导教学策略与评价的研究》获广州市中小学、中等职业学习第十六届特约教研员教研成果二等奖。

2017年，我成为新一轮广州市基础教育系统名教师工作室主持人，获得番禺区"研学后教"课堂教学改革先进个人，在参加"2017年广东省中小学后备校长人员培训项目"研修期间被评为优秀学员，在参加"广州市基础教育系统新一轮百千万人才培养工程第一批小学名教师培养对象培训班"培训中获得优秀成绩档次，在参加广州市小学语文精准帮扶教研总结活动中做了"关注文本细节，提升阅读质量"的专题发言。

2018年，我执教的《渔歌子》在第三届广东省小学语文青年教师教学观摩活动评选中获特等奖，承担《跨越海峡的生命桥》课堂教案研究案例结项证书。被聘为广州市小学语文学科教学研究中心组成员，为安徽省合肥市蜀山区"三名"培养工程项目广州跟岗研修做《小学语文统编版阅读教学策略的研究》讲座分享证明,参与广东省课题"基于互动反馈系统促小学研学后教课堂教学应用与效能研究"结题,获证书。

2019年,我参加了由广州市番禺区教育局组织的首批小学语文科骨干教师赴贵州省毕节市威宁县、赫章县开展第六次两地联合教研活动。参加"广州市唐滔名教师工作室"与"广州市蔡晓碧名教师工作室"在广州市番禺区市桥龙美小学联合开展教学教研活动,活动主题为"小学语文深度阅读教学策略",邀请广东省小学语文教研员杨建国老师做了《统编版阅读教学策略》的精彩讲座。被评为广州市番禺区第三届师德模范教师。参加广州市卓越中小学校长促进工程获得优秀等次结业。《渔歌子》获得广东省及广州市的优课。参与拍摄了广东省电视台的《少年诗词》节目。

有人说,幸福是一种境界;有人说,理解就是幸福;有人说,平淡就是幸福……幸福其实是很简单的。奥斯特洛夫斯基曾说:"幸福,就在于创造新的生活,就在于改造和重新教育那个已经成了国家主人的、社会主义时代的伟大的智慧的人而奋斗。"我用心地去感受自己的每一天,感受自己所拥有的幸福。

### 5. 我的教学风格

激情——教师用丰富的情感语言创设文中的意境,调动学生的思维。

生情——教师用多种教学手段搭建文本的桥梁,促进学生的对话。

以情动人——教师用"品文生情抒自心"的方式,引导学生的发展。此处的"动",包含动眼、动口、动手、动脑、动心。

"激情生情 以情动人"是我的个人教学风格,我在教学实践中始终关注:一个问题可以用多种方法去解决,而绝非用一种方法去解决多个问题。只要我们携爱而行,成长并快乐着,我们必将与学生一同踏上成功的阶梯。